中国经济文库 应用经济学精品系列

中国经济文库 · 应用经济学精品系列（二）

U1000240

北京高精尖产业发展探析

马骆茹
张　颖　◎著

Analysis of the Development of
High-tech Industries in Beijing

中国经济出版社
CHINA ECONOMIC PUBLISHING HOUSE
北　京

图书在版编目（CIP）数据

北京高精尖产业发展探析 / 马骆茹，张颖著．—北京：中国经济出版社，2021.9
ISBN 978-7-5136-6615-2

Ⅰ．①北… Ⅱ．①马… ②张… Ⅲ．①高技术产业-产业发展-研究-北京 Ⅳ．①F269.271

中国版本图书馆 CIP 数据核字（2021）第 178253 号

责任编辑　王西琨
责任印制　马小宾
封面设计　华子设计

出版发行　中国经济出版社
印 刷 者　北京九州迅驰传媒文化有限公司
经 销 者　各地新华书店
开　　本　710mm×1000mm　1/16
印　　张　9.5
字　　数　161 千字
版　　次　2021 年 9 月第 1 版
印　　次　2021 年 9 月第 1 次
定　　价　68.00 元
广告经营许可证　京西工商广字第 8179 号

中国经济出版社 **网址** www.economyph.com **社址** 北京市东城区安定门外大街 58 号 **邮编** 100011
本版图书如存在印装质量问题，请与本社销售中心联系调换（联系电话：010-57512564）

前　言

2014年2月，习近平总书记视察北京市并发表了“2.26”重要讲话，对首都建设工作做出了一系列重要指示，明确了北京在新形势、新时期的战略定位，提出了建设国际一流的和谐宜居之都的战略目标，为北京城市发展指明了前进方向。当前，北京经济体系建设已初步达到现代化水平，但是经济体系现代化远未实现，经济发展不平衡不充分问题依然比较突出，经济发展质量有待进一步提升。从北京城市发展的角度来看，构建城市高精尖经济结构是实现北京发展目标的关键，是满足“四个中心”战略定位和建设国际一流的和谐宜居之都的必要条件。其中，高精尖产业体系是高精尖经济结构的核心组成部分。因此，如何通过发展高精尖产业提升北京经济发展质量，是新时期北京城市发展过程中需要思考的重要命题。本书总结了高精尖产业发展适用的相关理论以及国内外城市产业发展的有益经验，分析了北京高精尖产业的发展情况与空间布局，指出了北京高精尖产业发展存在的问题，为未来北京高精尖产业发展提出了详细的政策建议。

本书的第一章为高精尖产业的内涵、特征与理论支撑。该章首先通过梳理我国建设现代化经济体系和北京构建高精尖经济结构的内涵，总结出我国和北京经济发展对高精尖产业的要求，对高精尖产业做出界定。其次，结合产业选择理论、产业升级理论、创新系统理论等理论架构，厘清高精尖产业发展适用的理论，为北京高精尖产业发展提供理论指导。第二章为产业革命历程与国际经验借鉴。该章梳理了历次产业革命对城市发展形态的影响，并总结了各国的发展经验，为北京在新一代产业革命中通过发展高精尖产业抢占发展先机提供经验参考。第三章为我国产业政策的演进与特征。该章将我国产业政策演进过程划分成五个阶段，并分析了我国产业政策演进的方向与特征，明确了北京发展高精尖产业的国家政策背景。第四章为北京高精尖产业发展概况。该章从高技术制造业、高技术服务业和发展环境三个方面总结了当前北京高精尖产业的发展情况。第五章为北京产业转型升级的国内外经验借鉴。该章以上海和深圳为例梳理了国内城市的政策措施，以美国纽约和日本东京为例总结了产业转型升级的国际经验，为北京发展高精尖产业提供政策参考。第六章为北京高精尖产业发展的空间布局与影响因素。该章通过分析各高精尖产业的空间布局关系和北京各城区的比较优势，总结出北京高精尖产业合理的空间布局方式。之后，进一步以科技服务业为例分析空间布局以及其他因素对高精尖产业发展的影响。第七章为北京高精尖产业发展面临的挑战与建议。该章为未来北京高精尖产业的发展提出具体的路径与建议。

本书在写作过程中得到了北京市教委基本科研业务费项目（110052971803/057），北方工业大学科技创新工程项目（19XN142，18XN151）的支持。硕士研究生张颖完成了第六章“北京高精尖产业发展的空间布局与影响因素”的写作。北方工业大学作为北京市属高校，多年来致力服务北京，并成立了北京城市治理研究基地，专门研究北京城市发展过程中的重大社会经济问题，本书正是其众多研究成果之一。受限于个人的实践经验和知识水平，书中难免存在不足之处，望读者批评指正。

马骆茹

2019 年 11 月

目　录

第一章　高精尖产业的内涵、特征与理论支撑 …………………………… 1

第一节　高精尖产业的内涵 ………………………………………………… 1
第二节　高精尖产业的理论支撑 ………………………………………… 10

第二章　产业革命历程与国际经验借鉴 ……………………………… 22

第一节　历次产业革命与城市发展 ……………………………………… 22
第二节　主要国家经验借鉴 ……………………………………………… 30

第三章　我国产业政策的演进与特征 ………………………………… 36

第一节　我国产业政策演进的阶段 ……………………………………… 36
第二节　我国产业政策演进的特征 ……………………………………… 48

第四章　北京高精尖产业发展概况 …………………………………… 51

第一节　北京市发展高精尖产业的政策背景 …………………………… 51
第二节　北京高精尖产业的发展现状 …………………………………… 53

第五章　北京产业转型升级的国内外经验借鉴 ……………………… 83

第一节　城市产业转型升级的国内经验借鉴 …………………………… 83

第二节 城市产业转型升级的国际经验借鉴 …………………… 97

第六章 北京高精尖产业发展的空间布局与影响因素 ………… 112

第一节 北京高精尖产业发展的空间布局 …………………… 112
第二节 北京高精尖产业的空间集聚及实证分析：以科技服务业为例 …………………… 122

第七章 北京高精尖产业发展面临的挑战与建议 ……………… 135

第一节 北京高精尖产业发展面临的主要挑战 ……………… 135
第二节 促进北京高精尖产业发展的几点建议 ……………… 138

参考文献 ………………………………………………………… 142

第一章　高精尖产业的内涵、特征与理论支撑

党的十九大报告明确提出，我国经济已由高速增长阶段转向高质量发展阶段，正处在转变发展方式、优化经济结构、转换增长动力的攻关期，建设现代化经济体系既是我国未来发展的战略目标，也是跨越关口的迫切需要。在这样的时代背景之下，北京作为我国首都和经济发达的特大型城市，已经先于国内很多地区更快地到达经济转型阶段，此时亟须找准自身定位，以实现经济的高质量发展。2017 年发布的《北京城市总体规划（2016 年—2035 年）》明确了“四个中心”的城市战略定位，提出构建高精尖经济结构的发展目标；同年年底，《加快科技创新发展新一代信息技术等十个高精尖产业的指导意见》出台，进一步确定了高精尖产业的具体内容。因此，发展高精尖产业是我国经济发展转型和实现北京城市功能定位的必然要求。

第一节　高精尖产业的内涵

一、我国建设现代化经济体系的内涵

现代化经济体系这一概念在党的十九大报告中被首次提出，是将我国建设成为社会主义现代化强国的基础工程。当前，就国际而言，全球治理体系面临重大变革，世界经济秩序也亟待调整，各国经济增长动力不足，经贸摩擦日益增多；就国内而言，我国经济进入换挡期，正由高速增长转变为中高速增长，产业结构亦有待转型升级，社会主要矛盾转化为人民日益增长的美好生活需要和不平衡不充分的发展之间的矛盾。因此，为了实现在 21 世纪中叶把我国建成富强、民主、文明、和谐、美丽的社会主

义现代化强国这一宏伟目标，现代化经济体系建设是必经之路。

既然构建现代化经济体系是我国现阶段经济建设的核心内容，那就有必要结合新时期经济社会发展要求，系统归纳现代化经济体系这一概念的具体内涵。现代化经济体系是由社会经济活动各个环节、各个层面、各个领域的相互关系和内在联系构成的一个有机整体。这就意味着现代化经济体系建设是一个系统工程，涉及经济社会的方方面面。综合来看，现代化经济体系主要涉及以下七个方面。

（一）创新引领、协同发展的产业体系

产业体系是现代化经济体系的核心支柱。发达国家的经验表明，实体经济是发展的着力点，将科技创新与实体经济相结合，促进产业体系向全球价值链的中高端不断攀升，是增强国家经济实力的根本举措。当前新一轮的产业革命正在孕育中，将以前所未有的形式塑造产业格局，改变经济社会的发展轨迹，令人们不禁重新思索产业的内涵及其发展模式。如今科技创新的传播速度日益加快，产业间深度融合，各产业不再孤立发展，形成了一个复杂的产业体系，对全社会的资源拥有很强的集聚与配置能力。党的十九大报告指出，产业体系要实现“实体经济、科技创新、现代金融、人力资源协同发展”，它们是现代产业体系发展需求的体现。

（二）统一开放、竞争有序的市场体系

有效的市场机制是构建现代化经济体系的基本条件。加快完善社会主义市场经济体制、构建符合时代要求的现代市场体系，有助于激发全社会的创新创业活力，优化资源配置，提高资源利用效率。改革开放之后，我国从计划经济体制向市场经济体制转型，市场化水平不断提升，释放出巨大制度红利的同时，也极大地刺激了经济的高速增长。然而在取得显著成绩的同时，我们应当看到国内部分地区仍存在一定程度的垄断壁垒和行政分割现象，阻碍公平竞争和市场准入。因此，需要理顺政府与市场的关系，营造良好的营商环境，消除市场壁垒，构建统一健全、规范有序的现代市场体系。与此同时，进一步塑造对外开放的市场环境，充分利用国内外市场和资源，使要素和产品在更广阔的平台上自由流动，助力企业学习国外先进技术及管理经验，推动企业走出国门，提升企业的国际竞争力。

（三）体现效率、促进公平的收入分配体系

合理的收入分配体系是解决新时代社会主要矛盾的主要途径。过去我国社会的主要矛盾是人民日益增长的物质文化需要同落后的社会生产之间的矛盾，现在已经转化为人民日益增长的美好生活需要和不平衡不充分的发展之间的矛盾。这说明随着经济发展，我国已经告别短缺经济时代，缩小收入分配差距成为新时代的重要议题。改革开放之初，为了激发经济活力，国家鼓励一部分人先富起来，实行“效率优先、兼顾公平”的发展模式。该模式激发了人民的创富潜力，经济也因此得以高速增长。然而，当收入分配制度更关注效率时，不同地区、不同行业、不同人群之间的收入差距必然逐渐拉大，成为新时代亟待解决的问题之一。只有构建体现效率、促进公平的收入分配体系，才能持续壮大中等收入群体规模，为未来实现全体人民共同富裕的目标打下坚实基础。

（四）彰显优势、协调联动的城乡区域发展体系

完善的城乡区域发展体系体现了现代化经济体系的空间布局。我国各个地区经济发展阶段不同，区域发展特征也存在很大差异。东部率先、东北振兴、中部崛起和西部开发四大板块是我国区域协调发展的基础。东部地区依托沿海优势发展对外贸易，成为拉动国民经济的核心增长极，然而如今多变的国际经济环境给东部地区经济发展带来一定挑战；东北地区原本是我国重要的工业和农业基地，然而其人口持续流失、营商环境欠佳、经济增长乏力；中部地区处于工业化中后期阶段，城镇化水平偏低，产业升级、动能转换难度较大；西部地区经济发展起步较晚，经济增长方式以投资驱动为主，政策拉动特征明显。各个地区需要找准自身的发展定位，发挥区域优势，实现经济的转型升级。与此同时，应利用“一带一路”建设、京津冀协同发展、长江经济带发展三大战略机遇，带动区域间的良性互动；建设以城市群为主体、大中小城市和小城镇协调发展的城镇体系，拓展区域发展新空间。

（五）资源节约、环境友好的绿色发展体系

绿色发展体系是现代化经济体系建设的必然要求。片面追求国内生产总值（Gross Domestic Product，GDP）的增长势必伴随着牺牲资源环境的巨大代价。当经济发展开始对“质”而非仅仅是“量”提出要求时，绿色发展便成为高质量发展的重要内容。从生产端来看，绿水青山虽然本身不是生产力，但是绿色发展致力于降低资源消耗、提升产出收益和全要素生产率、保障经济的可持续发展；从消费端来看，环境质量关系到人民的幸福指数和生命健康，只有实现资源节约、环境友好的绿色发展，才能真正满足人民日益增长的美好生活需要。因此，绿色发展体系建设势在必行，不仅有利于当下，而且着眼于长远。

（六）多元平衡、安全高效的全面开放体系

对外开放是现代化经济体系与国际接轨的联系纽带。近年来，世界经济面临的不确定性增加，经济全球化遭遇阻力，国际经贸规则有待调整。在这种形势下，我国应通过进一步的对外开放积极推动经济全球化，参与全球经济治理，增强我国在国际舞台上的话语权。就国内而言，我国已经进入改革攻坚期，更应该继续实践“以开放促改革”的成功经验。通过不断与国际接轨，完善国内的制度规则和营商环境，使我国成为吸引外资的热土，同时鼓励企业走出国门，加快培育国际竞争新优势。

（七）充分发挥市场作用、更好发挥政府作用的经济体制

深化经济体制改革是建设现代化经济体系的制度保障。党的十八届三中全会指出，发展社会主义市场经济要让市场在资源配置中起决定性作用，可见市场机制对我国经济发展的重要性。然而，决定性作用并非意味着全部作用，党的十九大报告中要求“使市场在资源配置中起决定性作用”的同时，还要“更好发挥政府作用”。这说明，强调市场机制的有效运行并不等同于政府无作为，而是要处理好政府与市场之间的关系，厘清政府的施政边界，“看得见的手”和“看不见的手”都要用好。在政府不该管的领域，要把权力下放给市场；在政府该管的领域，要确保政府不缺位。

由以上分析可知，现代化经济体系蕴含了产业、区域、城乡等协调发展的子系统，包含市场、收入分配、宏观调控、对外开放等多方面内容，其核心是符合现代经济运行特征要求的现代产业体系，即实现产业体系的现代化。这主要体现在产业发展更加注重创新驱动和绿色低碳发展，更加注重产业融合和产城互动发展，主要依赖战略新兴产业发展。现代化经济体系建设紧扣新时代我国社会主要矛盾的变化，是落实中国特色社会主义经济建设布局的内在要求。

北京作为我国的首善之区，经济体系建设已初步达到现代化水平，具体表现在经济总量、增长速度、人均 GDP 及人均可支配收入等指标上。2018 年，北京实现地区生产总值 30320 亿元，成为继上海之后第二个 GDP 超过 3 万亿元人民币的城市。按常住人口计算，2018 年全市人均地区生产总值为 13.97 万元，在全国城市中排在第 1 位。产业结构高级化特征显著，第三产业占比 80.6%。但是，当前北京在发展中还面临一些阶段性矛盾和难题，突出表现为人口集聚过快、交通拥堵严重、资源环境约束强、城市运行管理压力大等“大城市病”。因此，北京经济体系现代化远未实现，经济发展不平衡、不充分问题依然较为突出。

二、北京构建高精尖经济结构的内涵

北京是我国的首都和直辖市，其城市经济结构建设应紧密围绕着我国现代化经济体系建设进行。因此，北京构建高精尖经济结构，是符合现代化经济体系建设内涵的必然选择。

2014 年 2 月，习近平总书记在考察北京时提出了北京城市发展的“四个中心”定位，即全国政治中心、文化中心、国际交往中心、科技创新中心，还提出了“北京要发展，而且要发展好”和“腾笼换鸟，构建‘高精尖’的经济结构”的重要指示。2015 年 4 月，中共中央政治局审议通过的《京津冀协同发展规划纲要》在确立“以首都为核心的世界级城市群、区域整体协同发展改革引领区、全国创新驱动经济增长新引擎、生态修复环境改善示范区”的京津冀整体定位基础上，进一步明确了北京城市发展“四个中心”的战略定位。2016 年 1 月，《北京市国民经济和社会发展第十三个五年规划纲要》指出，要“加快构建高精尖经济结构”，大力发展“服务经济、知识经济、绿色经济和总部经济”，“加快推进产业转型升级”和“提升产业智能化水平”。围绕首都发展定位和京津冀协同发展要求，2017 年 9 月发布的《北京城市总体规划（2016 年—2035 年）》也强调了构建高精尖经济结构。该规划第三章明确提出，“坚持生产空间集约高效，构建高精尖经济结构”，进而实现“生活空间宜居适度”“水资源可持续发展”等目标，并最终体现于北京城市战略定位，建设全国政治中心、文化中心、国际交往中心、科技创新中心，使北京发展成为国际一流的和谐宜居之都。上述规划是北京对习近平总书记重要指示精神的深入贯彻落实，与我国现代化经济体系建设的要求具有内在逻辑一致性。

具体来看，该规划确定了北京市从近期到远景的城市发展目标，包括三个阶段。

第一阶段：2020 年发展目标。

建设国际一流的和谐宜居之都取得重大进展，率先全面建成小康社会，疏解非首都功能取得明显成效，"大城市病" 等突出问题得到缓解，首都功能明显增强，初步形成京津冀协同发展、互利共赢的新局面。

第一，中央政务、国际交往环境及配套服务水平得到全面提升。

第二，初步建成具有全球影响力的科技创新中心。

第三，全国文化中心地位进一步增强，市民素质和城市文明程度显著提高。

第四，人民生活水平和质量普遍提高，公共服务体系更加健全，基本公共服务均等化水平稳步提升。

第五，生态环境质量总体改善，生产方式和生活方式的绿色低碳水平进一步提升。

第二阶段：2035 年发展目标。

初步建成国际一流的和谐宜居之都，"大城市病" 的治理取得显著成效，首都功能更加优化，城市综合竞争力进入世界前列，京津冀世界级城市群的构架基本形成。

第一，成为拥有优质政务保障能力和国际交往环境的大国首都。

第二，成为全球创新网络的中坚力量和引领世界创新的新引擎。

第三，成为彰显文化自信与多元包容魅力的世界文化名城。

第四，成为生活更方便、更舒心、更美好的和谐宜居城市。

第五，成为天蓝、水清、森林环绕的生态城市。

第三阶段：2050 年发展目标。

全面建成更高水平的国际一流的和谐宜居之都，成为富强民主文明和谐美丽的社会主义现代化强国首都、更加具有全球影响力的大国首都、超大城市可持续发展的典范，建成以首都为核心、生态环境良好、经济文化发达、社会和谐稳定的世界级城市群。

第一，成为具有广泛和重要国际影响力的全球中心城市。

第二，成为世界主要科学中心和科技创新高地。

第三，成为弘扬中华文明和引领时代潮流的世界文脉标志。

第四，成为富裕文明、安定和谐、充满活力的美丽家园。

第五，全面实现超大城市治理体系和治理能力现代化。

由以上内容可知，从北京城市发展的角度来看，构建城市高精尖经济结构是实现北京发展目标的关键，涉及全球影响力、科技创新、营商环境、人居环境、绿色发展等多个层面，是建设“四个中心”和国际一流的和谐宜居之都的必要条件。只有成功构建高精尖经济结构，才能彻底转变城市经济发展方式，完善城市治理体系，有效治理“大城市病”，不断提升城市发展质量、人居环境质量、人民生活品质、城市竞争力，实现城市可持续发展，率先全面建成小康社会，最终实现建设“四个中心”和国际一流的和谐宜居之都的目标。从区域和全国的视角来看，在我国跨越关口的关键时期，北京高精尖经济结构的提出对新时代京津冀经济的协同发展以及我国经济的高质量发展具有重要意义。北京构建高精尖经济结构不仅有利于自身的创新发展和转型升级，还有利于充分发挥首都的创新引领和高端辐射作用，服务于周边区域乃至全国，助力我国经济向高质量发展转型。

三、北京发展高精尖产业的内涵

（一）高精尖产业的界定

高精尖经济结构是北京特色的现代化经济结构，其核心组成部分是高精尖产业体系。高精尖产业的实践先于理论，“高精尖产业”这一概念并非由产业经济理论研究率先提出。“高精尖”最早是技术经济学的术语，指具有“高级、精密和尖端”特征的科技发明或产品工艺，后来北京市政府将“高精尖”这一概念创造性地应用于产业领域，用来代表具有“高精尖”属性、能够满足新时代首都战略功能定位和现代化经济体系建设要求的产业。由于高精尖产业这一提法主要应用于实践中，学界尚未对高精尖产业做出清晰的界定或探究其背后的理论根源。因此，为日后能更好地指导高精尖产业的高质量发展，有必要首先厘清高精尖产业的内涵。

在政策领域，2016 年北京市人民政府发布《关于进一步优化提升生产性服务业加快构建高精尖经济结构的意见》（京政发〔2016〕25 号），指出北京市要构建高精尖产业，对外要提高国际化发展水平，对内要服务全国，重点服务好京津冀地区。2017 年发布的《加快科技创新发展新一代信息技术等十个高精尖产业的指导意见》（以下简称《指导意见》），选取了新一代信息技术、集成电路、医药健康等10个产业作为北京重点发展的高精尖产业。2018年进一步出台《北京市十大高精尖产业登记指导目录（2018版）》（以下简称《目录》），将高精尖产业分为10个大类、197个行业新兴小类。其中，10个大类基本来自《指导意见》，197个行业新兴小类则是指此行业中新近涌现出的细分行业，具体为：新一代信息技术大类下20个小类、集成电路大类下6个小类、医药健康大类下16个小类、智能装备大类下76个小类、节能环保大类下22个小类、新能源汽车大类下10个小类、新材料大类下15个小类、人工智能大类下6个小类、软件和信息服务大类下17个小类、科技服务大类下9个小类。《目录》还针对一些行业制定了资源利用的环保性与高效性要求，比如新一代信息技术下的移动通信关键设备等小类以及集成电路下的集成电路制造与封装等小类，都必须将“高污染、高环境风险的生产制造环节除外”，新一代信息技术下的数据处理和存储服务等小类也应满足“互联网数据服务中的数据中心只允许建设能源效率指标（PUE）在1.4以上的云计算数据中心，且仅限在城六区外”的要求。

可以看出，高精尖产业具有“高端型、集约型和创新型”的产业属性。“高”意味着走高端化发展路线，着重发展高端产业或产业高端环节。高端化要求产业或产业环节有高附加值和高收益，可有效集聚高端要素资源服务于产业发展，同时对其他相关产业有很强的引领带动能力。“精”意味着产业的集约化，投入产出效率较高，对资源的消耗率和对环境的污染程度较低，主要依赖现代的金融体系、高水平的人力资本以及良好的营商环境等无形要素，而非传统的土地、人口、自然资源等有形要素来实现高质量发展。“尖”意味着产业是创新驱动型，北京城市战略定位“四个中心”之一为科技创新中心，因此高精尖产业应具有极强的创新能力。高精尖产业的创新不仅包括科技创新，还应考虑产业组织形态和创新应用，形成一个复杂但高效的创新系统。在概念界定上，高精尖产业容易与“战略性新兴产业”这一概念相混淆。和高精尖产业一样，战略性新兴产业也是我国对于产业类型划分的特有提法。不过，高精尖产业虽然在许多方面与其存在交叉，但绝不简单等同于战略性新兴产业。战略性新兴产业是国家产业规划的产物，重点关注产业的“战略性”与“新兴”，一是要求该产业是国家经济长远发展的支柱性产业，二是要求该产业是新兴技术与新兴产业的结合体；而高精尖产业是在新时期北京城市发展规划与我国现代化经济体系建设的背景下产生的，是具有北京特色的实践创新，着眼于集聚国内国际高端要素发展“高端型、集约型和创新型”的产业集群，以此跨越制约城市发展的人口资源环境红线约束，寻求首都经济可持续发展的新型驱动力，服务京津冀、辐射全国。具体来看，高精尖产业未必一定是新兴产业，也有可能是已有产业的高端环节。

综上，对高精尖产业做如下界定：高精尖产业是满足新时代北京城市发展战略定位的、密集使用高端要素、以高水平的科技创新与系统创新为驱动力、具有强大带动能力和辐射能力、生态环境友好且资源使用集约化的产业，以技术密集型产业为引领，以效率效益领先型产业为重要支撑，能够带动区域经济可持续发展和区域经济结构的升级转型。

（二）北京发展高精尖产业的必要性

第一，培育高精尖产业有助于首都治理“大城市病”，实现自身的减量发展。北京是作为我国首都的特大型城市，却承载了很多非首都功能，导致了人口拥挤、交通堵塞、环境污染等“大城市病”凸显，使北京一度偏离了作为大国首都的城市发展轨道，直接影响到北京自身的可持续发展。因此，北京必须疏解非首都功能，通过减量发展聚焦首都定位。发展高精尖产业是实现减量发展的重要举措。只有培育高精尖产业，才能减轻对资源环境的粗放型消耗，实现经济的可持续发展。换言之，高精尖产业能够突破资源环境承载力的硬约束，通过汇集高端要素提高劳动生产率和全要素生产率，以最少的资源投入实现最高的生产效率。当前北京处于经济结构转型升级的关键时期，减量发展并不等于不发展，而是意味着更高质量的发展。单纯依靠旧有的发展模式推动经济发展已不可持续，唯有创新驱动才能使经济获得全新的增长动力。培育高精尖产业有助于首都发掘经济增长新动力，实现新旧动能转换。

第二，培育高精尖产业有助于推进京津冀地区协同发展、引领区域经济协同发展。高精尖产业具有高水平创新驱动的属性，对经济有极强的拉动作用，不仅能实现首都的高质量发展，而且能带动周边地区的产业联动转型。就区域而言，北京地处京津冀地区，京津冀协同发展是国家现代化经济体系建设的重大区域发展战略，产业对接协作是这一战略的核心内容，产业升级是三地的共同任务。在北京疏解非首都功能的过程中，天津和河北一直是北京转移产业的主要承接者。然而，两地仅简单承接北京转移的一般性产业是远远不够的，还迫切需要发挥北京的龙头作用以及天津和河北各自的发展优势，通过高精尖产业在京津冀地区布局高新产业链，与传统产业融合创新，培育三地的新型比较优势，以高精尖产业带动区域科技创新和成果转化，促进区域产业联动发展，最终形成京津冀地区经济协同发展、错位发展和融合发展的区域经济新格局。

第三，培育高精尖产业有助于我国在新一轮产业革命中抢占先机，化解国内经济转型中遇到的诸多问题，寻求新的经济增长点。从国际层面来看，当前新一轮的产业革命正在世界范围内悄然兴起，主要围绕新一代信息技术、新能源技术、新材料技术等技术群展开。北京及时布局产业变革中的关键领域具有重要的战略意义，通过发展高精尖产业抢占国际科技创新高地和全球产业链价值链的高端环节，能够大大提升我国产业的国际竞争力。从国内层面来看，经过几十年的高速增长，如今劳动力、土地等要素的成本不断上升，人口老龄化问题日益凸显，环境问题日趋严峻。为避免陷入“中等收入陷阱”，我国必须尽快转变已有的发展模式，找到全新的经济增长点。而北京作为我国首都，具有得天独厚的发展高精尖产业的基础和条件，拥有大量人才资源和大批科研院所，最有可能实现高端创新。一旦北京实现产业的高精尖转型，建成全国“科技创新中心”，成为国际领先的原始创新策源地，将极大地带动我国其他地区的产业发展，为国内科技创新和产业变革提供新思路与原动力。

第二节　高精尖产业的理论支撑

一、高精尖产业的已有相关研究

发展高精尖产业是北京市基于新时代首都战略定位的实践创新。实践先于理论，目前相关研究主要围绕高技术产业展开，关于高精尖产业的学术研究尚不多见。因此，这里主要梳理高技术产业的研究进展，为高精尖产业发展提供有益借鉴。

经济合作与发展组织（Organization for Economic Cooperation and Development，OECD）的高技术产业划分标准被广泛用于判断产业层次的高低，其按照研发强度将制造业划分为高技术产业、中高技术产业、中低技术产业和低技术产业。1986 年，OECD 根据联合国制定的国际标准产业分类，选择了研发经费强度明显高于其他产业的六大产业并将其定义为高技术产业，即航空航天制造业、计算机及办公设备制造业、电子及通信设备制造业、医药制造业、专用科学仪器设备制造业、电气机械及设备制造业。2001 年，OECD 又将医疗设备及仪器仪表制造业纳入高技术行业范围。我国基本上按照 OECD 高技术产业的分类标准来界定高技术产业的统计范围，对高技术产业的统计口径与 OECD 一致。

当前关于高技术产业的研究主要围绕高技术产业对经济的影响以及高技术产业发展的影响因素来展开，国内外研究成果较为丰富。

（一）高技术产业对经济的影响

1. 高技术产业与经济增长

已有研究普遍认为高技术产业能够促进经济增长。Grossman 和 Helpman（1991）通过建立内生经济增长理论模型，得出技术进步是经济增长的内生动力的结论。技术进步依赖高水平的研发投入，而高技术产业本身具有很高的研发投入，因此能够带动经济增长，后续研究在实证层面证实了这一点。韩国被认为在高技术产业发展方面有很多成功经验，Choi（2003）分析了韩国高技术产业的动态外部效应，探究了其对经济与就业的积极影响。Fox 和 Connolly（2006）使用澳大利亚 10 个行业的数据进行实证研究，发现高技术资本投资能够显著提升行业的多要素生产率，以此促进经济增长。赵玉林和魏芳（2006）从我国高技术产业总体、分部门、分地区三个层面分析了高技术产业发展对我国经济增长的影响，认为我国高技术产业发展对经济增长的带动作用日益增强。刘定平和陈云（2007）使用投入产出表测算了我国高技术产业的贡献度，得出高技术产业对社会总产出的单位贡献水平超过传统工业。李伟华和周立群（2015）选取我国 2004—2011 年相关数据，从经济增长、产业结构、低碳经济和就业情况四个方面出发，研究高技术产业对经济的影响力。李海超和王美东（2019）运用灰色关联法分析了高技术产业对长三角、珠三角和环渤海三大城市群经济增长的推动作用，同样得出了积极的结论。

2. 高技术产业与产业转型升级

大多数研究证实了高技术产业对产业转型升级的积极影响。金碚（2003）提出，发展高技术产业是实现新型工业化的必由之路，对我国的产业发展具有重要意义。已有研究认为发展高技术产业有助于传统产业升级。王敏和辜胜阻（2015）分析了高技术产业与传统产业之间的关联程度，发现高技术产业对传统产业具有较强的后向关联，并呈现出明显的部门差异。孙喜（2013）进一步指出，将高技术成果引入传统产业是传统产业转型升级的基本途径之一。在高技术产业影响产业发展的机制方面，多数学者认为高技术产业发展带来的技术创新和知识溢出是促进产业转型升级的主要动力。李邃和江可申（2011）使用1996—2007年数据进行实证分析，得出高技术产业科技能力和产业结构升级之间存在较强的正相关关系的结论。Hauknes和Knell（2009）采用投入产出方法，发现OECD国家高技术产业对低技术产业存在知识溢出效应，这对产出增长有重要意义。吕承超和商圆月（2018）通过构建风险价值（Value at Risk，VaR）模型进行分析，认为高技术产业的产品创新和研发创新能够大大促进中低技术产业的技术创新。Buckley等（2007）研究发现，外商直接投资（Foreign Direct Investment，FDI）在高技术产业中比在劳动密集型产业中有更大的正向溢出效应。

（二）高技术产业发展的影响因素

关于高技术产业发展影响因素的研究较为丰富，学者们从制度环境、政府政策措施、产业集聚等角度进行了探讨。

在制度环境方面，吴飞飞和谢众（2019）分析得出，总体制度环境与公共服务环境是推动我国高技术产业快速发展的动力。刘艳春等（2017）研究指出，金融发展能够促进高技术产业科技成果的转化。在政府政策措施方面，熊璞和李超民（2019）利用2006—2016年浙江省高技术产业数据，实证研究了财税政策对高技术产业创新效率的影响，发现税收优惠有利于促进提升高技术产业创新，财政补贴则会由于激励扭曲而产生消极影响。郑世林和刘和旺（2013）实证分析了高技术产业化政府专项投资的效果，发现政府专项投资能够增加高技术企业研发投入，从而促进科研成果商业化和规模化，提升企业国内外竞争力。在产业集聚方面，杨守云和赵鑫（2019）指出，产业集聚引发的金融外部性和技术外部性会对高技术产业产生积极影响，金融外部性能够通过降低生产成本提升高技术产业效率，技术外部性能够通过知识和技术溢出效应促进产业创新。

此外，学者们还从其他角度分析了各种因素对高技术产业发展的影响。比如，王燕等（2018）研究指出，生产性服务业的发展和研发机构的空间集聚能够提升高技术产业的研发效率。魏新颖和王宏伟（2017）采用2001—2014年中国28个省份高技术产业数据进行研究发现，信息化对高技术产业全要素生产率具有显著促进效果，而市场化水平的提高能够加强这种效果。曾晓凤和王明亮（2018）实证研究了FDI对我国各地区高技术产业技术创新的影响，发现其具有显著的地区差异性，在东部地区的效果为正，在其他地区则为负。陈玲和薛澜（2010）研究得出，一国高技术产业的发展程度取决于产业链特定环节的技术优势和市场能力，高技术产业生产“片段化”将导致产业技术演化路径的改变。

（三）文献述评

已有文献针对高技术产业发展进行了丰富的研究，普遍认可高技术产业发展对经济增长和产业结构转型升级的推动作用，并且从多层次探究了高技术产业发展的影响因素，为高精尖产业的研究提供了充足的参考与理论借鉴。然而，虽然高精尖产业作为创新驱动型产业，和高技术产业一样对研发投入有着很高的要求，但不同的是，高精尖产业是实践的产物，而非简单的理论分类。这意味着，要分析高精尖产业发展，在结合既往文献研究的同时，还需要深刻理解其现实背景和时代要求，将两者融汇于后续的研究之中。

高精尖产业发展潜力巨大，产业融合示范效应显著，本书的研究具有重要的理论意义与现实意义，既是对已有研究的有益补充，又有助于在实践层面更好地指导高精尖产业的未来发展。需要指出的是，以高精尖产业作为研究对象存在一定的研究难度：首先，其统计口径不是国内外的常见口径，数据资料较不系统，无法实现产业关联等指标的计算，也缺乏可对比性，在对比分析中仍只能以高技术产业为研究对象；其次，高精尖产业同时包含制造业和服务业，体现了当前产业融合发展的特征，也使其分析变得更加复杂，无法单纯按照制造业的研究思路去分析；最后，高精尖产业之间差异较大，也不具备内部的横向对比性。因此，本书对于北京市高精尖产业的研究将以高技术产业的对比分析为基础，以相关理论为支撑，以十大高精尖产业为重点，结合高精尖产业发展的时代背景进行深入分析。

二、高精尖产业发展的相关理论体系

北京市发展高精尖产业不仅要求相关高技术产业的发展，还要求通过高精尖产业的发展促进北京市的经济结构向高精尖转型。高精尖经济结构不仅意味着新型的产业体系，也代表着一种新型经济形态，需要从全新的视角考察相关理论（如图 1-1 所示），进行深入研究。

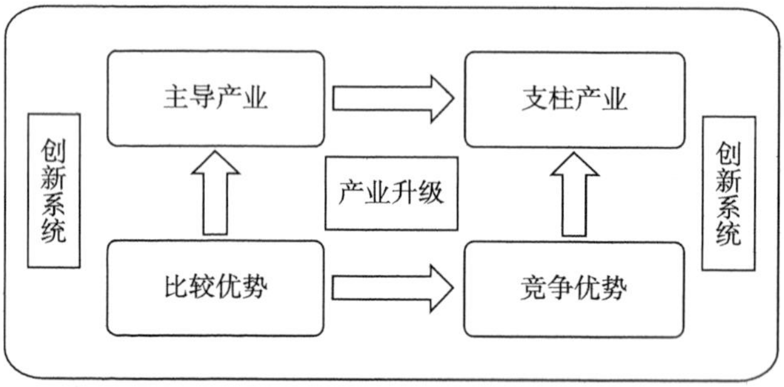

图 1-1　高精尖产业发展的相关理论

下面将从主导产业选择理论、产业升级理论、比较优势理论和创新系统理论四个角度进行分析，为北京发展高精尖产业提供理论指导。

（一）主导产业选择理论

主导产业不同于支柱产业，支柱产业是在一个地区经济中占比最大、具有稳定而广泛的资源和产品市场的产业，决定了地区产业结构在演变过程中所处的阶段；而主导产业是在一个地区产业体系中处于技术领先地位的产业，代表产业结构演变的方向，是支柱产业发展的前期形态。罗斯托在《经济成长的过程》和《经济成长的阶段》中提出了著名的主导产业扩散效应理论和经济成长阶段理论，他认为产业结构的变化对经济增长具有重大的影响，在经济发展中要重视发挥主导产业的扩散效应。罗斯托指出，主导产业是能够有效吸收新技术、自身具有高增长率且具有扩散性的产业。

主导产业选择理论属于区域经济学与产业经济学的交叉理论，探讨一个地区应该以何种基准来选择相应产业作为主导产业，以促进地区经济发展。北京致力于构建高精尖经济结构，重点发展十大高精尖产业，就是要突破传统支柱产业的制约，把高精尖产业作为北京地区新时期的主导产业，为经济带来新的增长活力。因此，通过梳理主导产业选择理论，明确主导产业选择的标准及主导产业应具有的特征，可以为北京发展高精尖产业提供重要参考。

如表 1-1 所示，经济学家从不同的角度确定了主导产业的选择标准。美国经济学家赫希曼依据投入产出的基本原理，指出应该依照工业部门后向联系水平的高低对主导产业进行排序。这意味着，主导产业应以最终产品的制造部门为主，既可以保证自身发展，又具有强烈的中间产品需求，通过连锁反应带动经济增长。罗斯托在赫希曼的基础上又加入了旁侧效应和前向联系效应，旁侧效应是指主导产业部门的发展所带来的人口、服务和各种制度变化引起的对多个部门的广泛推进，前向联系效应是指主导产业通过增加有效供给降低其他部门的中间投入成本或为其他部门提供新产品、新服务以促进经济发展。赫希曼和罗斯托都依据产业间关联程度的大小选择主导产业，这两个基准合称产业关联度基准。

日本经济学家筱原三代平在《产业结构与投资分配》中提出收入弹性基准和生产率上升率基准。收入弹性基准强调产业结构应与社会需求结构相匹配，社会需求随着国民收入增长而越来越高的产品所在的产业拥有广阔的市场，适合作为主导产业。生产率上升率基准具体表现为技术进步率基准，即主导产业要能够迅速有效地吸收技术，保持较高的生产率上升率，带动经济增长。1971 年，日本产业结构审议会在筱原三代平两个基准的基础上又加入了环境容量基准和丰富劳动内容基准，进一步强调主导产业不能仅仅符合经济收益，还需要满足污染较小、环境友好的特征，并且能够为国民提供安全、舒适和稳定的劳动岗位。

英国经济学家大卫·李嘉图提出比较优势理论，它本是用来解释国际贸易的必要性和合理性的，后来一些经济学家把它用作主导产业的选择标准。这种理论认为，一国的主导产业部门应是产品在国际上比较成本低或具有比较优势的产业。赫克歇尔和俄林的要素禀赋论则从各国要素禀赋的视角出发来解释比较优势，主张依据要素密集度来选择主导产业。

通过梳理主导产业选择理论可以看出，主导产业应具有以下几个特征：第一，产业关联性高，带动能力强；第二，符合市场潜在需求，发展潜力巨大；第三，技术吸收能力强，生产率水平高；第四，能够利用现有资源条件，发挥自身优势；第五，污染程度较小，福利水平较高。由此可知，北京选择高精尖产业作为自身的主导产业也应尽量满足以上要求，实现经济的高质量发展。

表 1-1　主导产业选择理论

提出者	选择基准	基本内容
赫希曼	后向联系水平	基础产业的成长依靠市场需求带动供给，应选择最终产品的制造部门作为主导产业部门
罗斯托	后向联系水平、旁侧效应和前向联系效应	应选择后向联系水平、旁侧效应以及前向联系效应都比较高的产业作为主导产业
筱原三代平	收入弹性	随着国民收入的上涨，应选择需求增长快的产业作为主导产业
	生产率上升率	应选择生产率上升快的产业作为主导产业
日本产业结构审议会	环境容量	应选择能源利用效率高、环境友好型的产业作为主导产业
	丰富劳动内容	经济发展的最终目的是提高社会成员的满意程度，应选择能为劳动者提供舒适、安全和稳定劳动场所的产业作为主导产业
大卫·李嘉图	比较优势	应选择比较成本较低的产业作为主导产业
赫克歇尔、俄林		应以要素密集度为基准选择主导产业

（二）产业升级理论

在分析了主导产业应符合的基本特征之后，接下来探讨产业应沿着怎样的路径转型升级，这里涉及产业升级理论，如表 1-2 所示。

国内对产业升级的研究始于 20 世纪 80 年代。一般认为，产业升级一方面代表产业结构的优化，另一方面代表产业自身的深化发展。前者意味着产业结构中各产业的地位和关系向更高级方向协调演进，后者意味着产业内部生产要素的优化组合以及产品质量的提高。

产业内升级又可以具体分为要素间升级、需求升级、功能升级和链接升级。要素间升级是指在生产要素层级中，从“禀赋资产”向“创造资产”移动，从先天拥有的要素资产向后天创造积累的要素资产移动。需求升级是指消费层级的不断提升，对产品的需求从必需品向便利品再向奢侈品移动。功能升级和链接升级是针对公司层面而言的，前者是指价值链环节的移动，从销售、分配向最终的组装、测试、零部件制造、产品开发和系统整合移动；后者是指公司从有形的商品生产投入转向知识密集型的支持性服务。

近年来，产业升级理论不断向微观领域深入，目前已经深入产品内部。产品空间理论从产品空间的视角出发，将比较优势的动态演化与产品升级结合，探讨了产业转型升级的路径。产品空间是对不同国家或地区产品网络结构的描述，其中的网络节点代表各种产品，节点间的连线代表各产品之间的关系。不同国家或地区在产品空间中的位置决定了其产业升级的方向。当现有产品与周边产品的技术距离合适时，便能够实现现有产品向潜在产品的“跳跃”；若现有产品与周边产品的技术距离过大，转型成本过高，就会造成升级断档。

总结产业升级理论可以看出，北京发展高精尖产业是符合产业升级理论的，原因如下：①发展高精尖产业有利于实现产业间的升级，实现从低附加值产业向高附加值产业的转型；②发展高精尖产业有利于人力、技术等后天资本的积累，实现生产要素层级的提升；③发展高精尖产业有利于需求结构的转变，促进实现消费升级；④发展高精尖产业有利于企业价值链的攀升，实现从低附加值环节向高附加值环节的移动；⑤发展高精尖产业有利于企业经营方式的转变，实现从关注有形的生产要素投入到关注无形的支持性服务投入的转变；⑥发展高精尖产业有利于缩短与潜在产品之间的技术距离，实现产品的成功“跳跃”。

表 1-2　产业升级理论

研究视角	研究重点	主要内容
产业间	产业	产业层级从低附加值产业向高附加值产业移动，产业结构高级化

续表

研究视角	研究重点	主要内容
产业内	要素	生产要素层级从“禀赋资产”向“创造资产”移动
	需求	消费层级从必需品向便利品再向奢侈品移动
	功能	价值链层级从销售、分配向最终的组装、测试、零部件制造、产品开发和系统整合移动
	链接	链接层级从有形的商品生产投入向无形的知识密集型支持性服务投入移动
产品内	产品空间	一个国家（地区）在产品空间结构中的位置决定了产业升级的方向

（三）比较优势理论

北京要想在未来实现高精尖产业的长足发展，需要仔细分析自身的优势和劣势所在，才能发扬长处、补足短板，将高精尖产业培育成地区的优势产业。对此，比较优势理论可以为北京高精尖产业提供理论指导。

比较优势理论起源于对国际贸易产生原因及模式的解释，后来被应用到区域经济领域。如表 1-3 所示，经济学家从不同角度解释了比较优势的可能来源。大卫·李嘉图认为，比较优势源自各国相对的劳动生产率差异，劳动生产率差异源自生产技术水平的不同。李嘉图从静态视角分析比较优势，后续研究拓展了他的理论，发现从动态角度来看，生产技术的差异可以通过“干中学”逐渐缩小，生产技术上的优势可以后天培育。赫克歇尔和俄林认为，比较优势源自各国拥有的要素禀赋差异，如果该国某种生产要素比较充裕，则密集使用该种生产要素来生产的产品便具有比较优势。同样地，赫克歇尔和俄林也从静态视角进行分析，假设要素禀赋量固定不变，而之后的研究在此基础上进行了拓展，探讨了动态情形下要素积累或要素流动对贸易模式的影响。

此外，经济学家还从规模经济的角度解释比较优势，发现生产规模的扩大可以带来产品平均生产成本的降低。规模经济可以分为外部规模经济和内部规模经济。外部规模经济是整个行业规模的扩大带来的成本降低，内部规模经济是企业自身规模的扩大带来的成本降低，两者都可以降低企业的平均生产成本，形成一国或地区的比较优势。由此可以看出，国内市场规模可以在一定程度上影响比较优势的形成。和规模经济一样，产业集聚也可以成为比较优势的来源。产业集聚可以通过信息交流、劳动力市场共享及知识外溢等渠道降低企业成本、促进企业创新，比如硅谷的高科技产业集聚。

如今，经济学家也普遍认可制度是塑造比较优势的重要因素。良好的制度环境才能创造比较优势，拥有完善制度安排的国家在契约依赖性比较高的产品生产和贸易上具有比较优势。阿西莫格鲁更是指出，开放经济的增长绩效取决于国家制度质量。

随着经济全球化和跨国公司的兴起，产业间的分工格局逐渐转向产业内。传统的比较优势主要分析产业间的相对优势，对产业内优势的形成缺乏解释力。迈克尔·波特提出竞争优势理论，开创了新的分析视角。他认为，企业竞争优势源自低成本和产品差异。为了维持企业的竞争优势，拥有激励企业投资和创新的环境尤为重要。波特将这些环境因素总结为“钻石模型”，具体包括资源要素、需求条件、辅助行业、企业战略四个要素以及政府功能和主要机遇两个变数。竞争优势和比较优势既有区别又有联系，比较优势是潜在的竞争力，竞争优势是现实的竞争力，比较优势可以转化成竞争优势。

通过总结比较优势理论，可以为北京发展高精尖产业提供如下借鉴：①发展高精尖产业应努力吸引优质的生产要素，打造新型比较优势；②发展高精尖产业应进一步利用园区经济，发挥集聚效应助力技术创新；③发展高精尖产业应充分利用庞大的国内市场，将产业升级与消费升级相对接；④发展高精尖产业应塑造鼓励创新的政策环境，促进比较优势向竞争优势转变。

表 1-3 比较优势理论

来源	基本理论	理论延伸
技术水平	比较优势产生于各国生产技术不同导致的劳动生产率差异	生产技术的比较优势可以通过后天的培育创造出来
要素禀赋	比较优势产生于各国要素禀赋的差异	要素的积累和流动会对贸易模式和比较优势格局产生动态影响
规模经济	比较优势产生于生产规模扩大带来的平均成本降低	厂商的国际竞争力取决于本身在国内市场规模的大小

续表

来源	基本理论	理论延伸
产业集聚	比较优势产生于产业集聚效应	产业集聚可以降低创新成本，形成技术创新优势
制度因素	比较优势产生于有激励作用和不断创新的制度	开放经济的增长绩效取决于国家制度质量

（四）创新系统理论

创新不是单个要素的孤立行为，而是不同创新主体之间的交互行为。北京发展高精尖产业不仅是为了发展十大产业，更重要的是通过发展高精尖产业形成带动地区经济发展的新型驱动力，构建科技创新中心。因此，从系统层面来分析是非常必要的，之前提到的理论主要涉及单个产业，而创新系统理论分析的是复杂系统。总结创新系统理论对北京高精尖产业的发展具有现实指导意义，如表 1-4 所示。

库克首先提出“区域创新系统”的概念，其定义为由在地理上相互分工与关联的生产企业、研究机构和高等教育机构等构成的区域性组织系统，该系统支持并产生创新。阿希姆和伊沙卡森将创新主体分为两类，一类为产业集群的公司和支持产业的公司，另一类为制度基础机构（科技机构、高等院校、技术中介、产业协会等）。

创新系统这一概念最初被应用于国家层面，注重制度对创新的影响。国家创新系统重视创新系统的构成要素，研究各要素间如何更好地交互合作，以及它们与该系统所嵌入的社会和制度框架的关系。后续研究指出，技术进步过程中的交互行为大多发生在区域层面，继而发展出区域创新系统的概念。区域创新系统涉及邻近、集聚、惯例、知识生产与传播的本地嵌入等多重维度，重视公共和私营机构网络内的交互，认为创新是一个演化的、非线性的、交互的过程，不同创新主体间的交流合作对提升区域创新能力至关重要。

近年来，随着创新系统对自然界生态系统及演化规律的借鉴，学界开始利用生态学和生态系统理论分析区域创新系统，从而衍生出区域创新生态系统这一概念。区域创新生态系统超越了传统的区域集群的内涵，强调非线性、复杂、动态和自适应性，是具有生态系统特征的网络化创新系统，并非个体行为的简单叠加。

创新系统理论带给北京发展高精尖产业的借鉴为：①发展高精尖产业需要重视企业创新，更需要重视协同创新；②发展高精尖产业需要为创新主体提供便捷的对接平台，促进各主体之间的合作交流；③发展高精尖产业需要营造公开透明的市场环境，减少信息不对称现象；④发展高精尖产业需要设计有效的风险防范和利益分配机制，保障创新系统的有效运转。

表 1-4　创新系统理论

主要理论	研究内容
国家创新系统	重视创新系统的构成要素，研究各要素间如何更好地交互合作，以及它们与该系统所嵌入的社会和制度框架的关系
区域创新系统	认为创新是一个演化的、非线性的、交互的过程，不同创新主体间的交流合作对提升区域创新能力至关重要，关注公共和私人机构网络内的交互，重视相关制度设计
区域创新生态系统	借鉴自然界生态系统，从静态结构分析转向动态演化分析，重视各类知识和创新范式的共生与协同演化

综上，北京市发展“高精尖”产业是北京市提升经济发展水平和产业结构高级化的必然选择，构建“高精尖”经济结构也是北京市产业结构演进的必然趋势，符合产业结构相关理论。因此，北京市的产业结构演进同样遵从产业发展规律，在构建北京市“高精尖”经济结构过程中要高度重视产业发展规律。但更需探讨的是，在京津冀协同发展过程中，北京市既要满足城市功能定位，又要积极参与国内国际产业分工，那么它应如何在遵从原有产业发展规律基础上，走出一条切合北京实际的“高精尖”经济结构调整发展之路？

第二章　产业革命历程与国际经验借鉴

城市发展与产业演进关系密切。可以说，产业演进是城市发展的动力，城市发展是产业演进的土壤，而产业革命是产业演进的加速器。产业革命不但能够重塑原有产业，而且能够催生新兴产业。纵观人类历史，人们一般认为全球已经经历了三次产业革命，第四次产业革命正在孕育中。每一次产业革命的发生，都极大地推动了生产力的进步，影响着城市的发展方向。因此，厘清历次产业革命的发展历程与城市发展情况，对于当今北京通过培育高精尖产业在第四次产业革命中抢占创新高地、构建高精尖经济结构，从而实现首都超大型城市的发展目标具有重大的现实意义。

第一节　历次产业革命与城市发展

一、前三次产业革命与城市发展

（一）第一次产业革命与城市发展

第一次产业革命于18世纪后半叶在英国爆发，对世界经济产生了深远影响。蒸汽机的发明与应用将人类从手工劳动时代带入机器大生产时代，生产范式发生巨大转变。机器大生产需要集中高效，因此生产要素的空间集聚是必然要求，城市的兴起是必然结果。这场革命不仅是产业和技术上的革命，还带动了机械工业、钢铁工业、煤炭工业等一系列产业的发展，而且开启了资本主义国家城市化的进程。

在这场革命的催化下，农业社会开始向工业社会转型，地主与农民的关系变为雇主与工人的关系，经济结构发生重大改变，第二产业和第三产业快速崛起。城市作为工业发展的主要场所，吸引大量劳动力进城就业生活，使人口迅速集中。机器设备的广泛应用使生产规模进一步扩大，城市规模也随之扩张。交通运输的发展加强了城市之间和城乡之间的经济联系，现代城市体系开始形成。以英国为例，从 18 世纪后期到 19 世纪中期，英国城市人口占总人口的比例从 20% 提升到 51%（Webber, 1899），最早完成了城市化的进程。不过，过快的城市化也带来了一些新的社会问题，比如环境污染、犯罪率提高、交通拥堵等。

（二）第二次产业革命与城市发展

19 世纪中后期诞生的第二次产业革命，由电力和内燃动力技术革命推动，出现了发电机、电动机、汽车等动力机械，继而带动了机械工业、冶金工业和石油化工等产业部门的发展。

第二次产业革命以美国为代表。美国的城市化起步晚于欧洲，但美国抓住了第二次产业革命的机遇，在此次产业革命之后基本完成了城市化进程。美国是最早使用电力的国家，电灯、电话、有轨电车等发明被首先应用于城市，促进了城市的快速发展。除此之外，受益于交通运输业的发展，美国先后铺设了 5 条横贯大陆的铁路干线，汽车及航空运输规模也在不断扩大，促进了交通要道沿线城市的兴起，不少中等规模的城市得以扩张为大城市。这一时期美国从自由资本主义过渡至垄断资本主义，大型企业凭借自身的技术优势和市场控制能力吞噬其他中小企业，掀起了企业合并浪潮。这些大型企业总部往往集中在纽约、芝加哥等大城市，从而使这些大城市的规模得以进一步扩大，对国民经济的作用越来越重要。鉴于此，其城市功能也不断拓展，同时具有工业制造中心、商业中心、金融中心、交通枢纽、外贸通商口岸等多重功能，美国逐渐形成大中小城市相结合的现代化城市体系。随着城市的发展，大城市内部功能明显细化，开始划分成工业区、金融区、居民区等不同的功能区。与此同时，受中心城市的带动，市郊以及卫星城镇得以快速发展，城市空间从“单核”的空间形态向“中心—外围”的空间形态演变（史宇宏，2018）。

（三）第三次产业革命与城市发展

第三次产业革命发源于 20 世纪 40 年代，分为两个阶段。第一阶段以电子计算技术、空间通信技术、核技术为标志，第二阶段以微型计算机技术、互联网技术为标志。第三次产业革命将人类带入了自动化、信息化时代。生产方式的自动化和信息化改变了劳动结构，导致从事体力劳动的工人的比例下降，从事信息处理和服务业的工作者的比例上升（赵云毅和赵坚，2019）。从产业结构角度来看，第一产业占比持续下降，第二产业内部结构呈现重大调整，第三产业占比大幅上升。

与此同时，世界上不少城市开始进入后工业化发展时期，人口继续向大城市聚集。第三产业的本质属性决定了绝大部分服务提供与消费的同时性，而非制造业先生产后消费的非同时性。这意味着，第三产业的发展需要足够的服务提供者并且邻近消费者，因此人口众多的大城市可以为服务业提供更广阔的生存发展空间。随着技术的不断演进，每一场产业革命的技术群结构都要比上一场革命更为多元复杂，对劳动力素质的要求也越来越高，而大城市往往比中小城市拥有更多更好的教育资源，知识型、技术型人才储备相对丰富。此外，每一种新兴技术或服务在诞生初期都比较昂贵，而大城市的经济发展水平相对较高，人们更有能力消费这些产品或服务，有助于新兴产业的兴起。

第三次产业革命之后，世界经济得以进一步发展，城市从注重财富生产和经济效益的生产功能逐渐转向关注以人为本的生活功能和生态功能，开始着力解决以往工业快速发展带来的各种问题，对绿色可持续发展提出了一定的要求。

二、新一代产业革命与城市发展

（一）新一代产业革命的兴起与基本特征

一般认为，当前正处于第三次产业革命末期与新一代产业革命的孕育期。第四次产业革命继承了第三次产业革命中的信息技术，并在此基础上衍生出了以物联网、云计算、大数据、3D 打印技术为代表的数字技术创新，一大批新兴技术应运而生。除新一代信息技术之外，第四次产业革命在以基因、仿生、生物医药、生物工程为代表的新生物技术，以光伏、氢能、核聚变为代表的新能源技术以及以石墨烯、生物材料为代表的新材料技术方面也在不断取得突破性进展。当前的技术进步正以指数级加速发展，预计在不久的将来将引发又一次全球性的产业变革。

目前来看，新一代产业革命呈现出五个基本特征——数字化、智能化、融合化、个性化、去中心化。

1. 数字化

随着第四次产业革命的到来，数字化进程正以前所未有的速度不断推进，芯片计算、网络运行、传感器精度等无一不与数字化技术紧密相关。党的十九大报告中首次出现了数字经济这一概念，数字经济是继农业经济、工业经济之后的新型经济发展形态。数字化意味着数据化与网络化，即将人和物的各种信息运用数字技术进行表征，通过算法来揭示事物的内在逻辑和运行规律。在新一代产业革命中，企业将使用大数据、云计算、物联网、人工智能等新一代信息技术，通过网络协同模式迅速响应客户需求。从要素层面来看，数字化时代知识和数据是数字化相关产业发展的核心要素，企业的数字化转型关乎自身的未来存亡；从产品层面来看，数字化技术的应用已经产生了一大批新型产品，比如无人机、智能汽车、可穿戴设备等；从商业模式来看，数字化催生了个性化定制、云制造，打通了产业链上的各个环节，培育出新的经济增长点。当前，经济社会的各行各业已经启动全面数字化进程，呈现爆炸式增长的海量数据里蕴藏着巨大的经济价值。随着大数据被不断挖掘与运用，将实现数字与实体的深度交融，带动全球经济进入新一轮的增长周期。

2. 智能化

智能化是数字化发展的更高阶段，当前科技正在推动各行各业的智能化发展。在第三次产业革命中发展起来的信息技术为未来制造业的智能化发展打下了坚实基础。随着数字经济的发展，人类进入了万物信息皆可用数据表征的大数据时代，信息集成是智能化的特征之一。过去，互联网实现了人与人之间的互联，物联网实现了物与物之间的互联；未来，智能化将会使二者融合在一起，通过数据实现人与物之间的对话。传统工业利用机械化、电气化和自动化技术实现大规模生产与批量销售，而如今面对庞大的信息数据，机器决策的优势越来越显著，体现出智能化的经济性。人工智能的发展将使机器行为具有一定程度的独立性，可以脱离开发者和使用者自主运行。随着人类心理学、行为学等学科知识被制造业领域吸收，深度学习、强化学习、神经网络等算法不断优化，人工智能的应用不断普及，智能产品的类型将越来越丰富，人机交互形式也会更加立体化。智能化的发展能够进一步把人从繁重的劳动中解放出来，使人可以更多地投入创新性思考中，为人的多样性发展提供广阔的空间。在不久的将来，智能化产业将迎来明显增长期，智能化产业比重将持续增加，智能化将会深刻改变经济与社会形态。

3. 融合化

融合化包含四个层次——学科融合、技术融合、产业融合以及政策融合。第一，学科融合。随着学科的演进和社会的发展，学科研究的问题越来越复杂，解决问题往往需要运用多个学科的知识。比如脑科学与信息科学的学科交叉，将会解决人工智能遇到的一些问题。学科之间的界限不断被打破，学科融合成为新的发展趋势。学科交叉领域产生的重大理论创新如能顺利实现产业化，将会对相关产业的发展带来颠覆性影响。第二，技术融合。在未来，基于复杂网络的推理和决策，很难凭借单一技术解决问题，需要多种技术融合应用。新一代产业革命中，数字技术以及各行业技术的相互融合，将催生一系列重大技术创新，深刻改变产业格局。第三，产业融合。工业化时代行业的边界相对固化，使用固定的资源来提供同质化产品，而数字化时代为了精准满足消费者多元化的需求，往往需要打破行业的边界，实现跨界和协同，产业的边界因此逐渐模糊。数字技术让资源调度更加便捷，通过数字网络和智能算法可以高效地将不同的资源整合起来。新兴产业与制造业的不断融合将对未来的生产流程、生产模式和管理方式产生颠覆性的影响。第四，政策融合。新一代产业革命不仅会改变产业形态，而且会给政府治理模式带来新的挑战。未来经济社会面临的问题日趋复杂，政府如何应对综合性以及系统性风险成为亟待解决的问题，这就要求政府内部必须实现协同合作。幸运的是，数字化时代使政策协同成为可能，政府部门间可以利用数字技术轻松实现数据共享，大幅提高行政管理效应与大型风险应对能力。

4. 个性化

经济发展水平的提升使人们想要追求更舒适更美好的生活，随着生活条件的不断改善，消费需求也日益个性化和多元化，现代科技使大规模个性化定制成为可能，传统的大批量、标准化生产方式受到很大挑战。在工业化时期，企业通过细分市场对同一市场同质化的消费者提供标准化的产品与服务，生产什么、如何生产以及生产多少大多根据自身的经验判断，具有一定的主观性；而未来，数据和算法的应用将使企业了解消费者的个性化需求，并且能够精准提供针对性的产品与服务，用户体验是企业在未来激烈市场竞争中能否取胜的关键。个性化定制意味着生产规模小型化，传统生产的规模经济效应不再适用，生产制造环节和业务管理系统的深度集成有利于生产要素的灵活配置，实现个性化定制生产。生产规模趋于小型化大大降低了进入行业的资金门槛，有利于中小企业的发展，甚至个人也完全可以成为新一代产业革命中的生产者（崔颖，2014）。企业为满足消费者的多样化需求，需要制定差异化战略，发展以人为本的价值导向。当经济从短缺时代过渡到过剩时代，个性化生产将大大提升资源配置效率，减少过度生产带来的资源浪费，有助于实现经济的可持续发展。

5. 去中心化

去中心化原本是一个互联网领域的技术术语，指相对于“中心化”而言的新型网络内容生产过程，后来其内涵被不断拓展，成为一种新的商业发展趋势。去中心化并不意味着没有中心，而是意味着品牌与用户都是主体，每个个体都可以自成中心。技术开源化和组织方式去中心化使知识传播的门槛明显降低，资源运作方式不再受既定组织边界的束缚，创新主体和方式出现重大变化。新一代产业革命将使价值创造与获取的方式发生本质变化，也就是说，过去企业通过生产环节完成价值创造，通过销售环节实现价值获取，而在未来，智能产品的使用才是价值创造和获取的开始。企业通过消费者对产品的持续使用获取消费者的相关数据，针对每个消费者的需求进行算法迭代，企业与消费者共同完成价值创造。由此可见，世间万物皆可用信息来表征，成为物联网中的一个节点，节点间的关系是平等的，每个个体既是这个庞大网络的构成者，又不是网络的主宰者，呈现出“去中心化”的典型特征。万物互联是复杂网络架构的基本形态，而去中心化极大削减了信息中介成本。飞速发展的新一代信息技术为个体提供了成本近乎为零的共享平台，共享经济迅速发展，在共享经济中个体成为资源的使用者而非所有者。在数字化时代，企业即使在行业中已经占据垄断地位，也有可能被后来者弯道超车。工业时代那种线性的、简单的产业链亟待调整，取而代之的是以消费者为核心的复杂生态系统。

（二）新一代产业革命对城市形态的影响

城市是历次产业革命的空间载体，其发展形态受产业布局的深刻影响。在前三次产业革命中，产业的空间布局主要受制于资源禀赋和地理条件，而城市为工业的发展提供了良好的基础设施和资源环境，保障了工业化的顺利进行，城市持续扩张，城市人口比例不断上升，居民生活水平日益提高。在快速工业化和城市化的同时，也带来了“大城市病”、城乡之间收入不平等加剧等问题。

新一代产业革命对城市的传统发展路径带来很大冲击，最终影响未来城市形态。

1. 产业的发展不再受限于空间的制约

第四次产业革命是一场智能革命，物联网、移动互联网、云计算、大数据等新一代信息技术的高速发展正在重新定义空间距离。

首先，要素流动的自主性和分散性增强。第四次产业革命的核心要素是知识、信息以及高素质人才。空间距离已经不能阻碍信息和知识的流动，与此同时，高素质人才的流动性也较强。智能产业涉及大量的研发设计、运营维护工作，导致知识型员工的比例大幅增加。此次革命进一步把人从体力劳动中解放出来，同时强化人的智力劳动。一个地区只要具有完善的人才制度，能够吸引足量的人才，就可以从后发地区一跃成为未来智能产业的创新高地，缩小与发达地区的发展差距甚至超越发达地区。

其次，个体可以成为独立的生产单元与地理单元。随着新兴技术的不断发展，生产和消费行为不必再局限在特定的组织机构内，分散化生产与网络化协作成为新的生产模式。每个人都可以成为独立的生产单元，并且借助信息网络和物联网进行协作，在更广阔的领域实现独立生产和消费。智能化使远程操作成为可能，对地理位置的依赖性越来越小。在这种情形下，城市将呈现出超流动性和去地域性的新特点，在全球化的城市体系中，每个人都是一个独立的地理单元。

2. 智慧城市成为城市建设的新潮流

智慧化是继工业化、电气化、信息化之后未来产业发展的新趋势。使用智能技术打造智慧城市，是未来城市发展的新方向。2010 年，国际商业机器公司（International Business Machines，IBM）正式提出了“智慧城市”这一理念，自此在全球掀起了智慧城市建设的热潮。智慧城市运用物联网、移动互联网、云计算、大数据等新一代信息技术，收集、分析、处理城市内部运行的各种关键信息，实现对城市管理各方面的监测和全面感知，实现城市智慧化管理和运行，最终解决过去城市发展中存在的交通拥堵、环境污染等问题，增强城市竞争力，促进经济、社会、环境的可持续发展。

智慧城市是针对未来城市发展的一种全新理念和运作模式，是适应第四次产业革命的新型城市形态，具体包含覆盖广泛的信息感知网络、高效智能的信息处理系统以及协同共享的城市资源体系等方面的内容。信息感知网络是建设智慧城市的基础，每一个城市都拥有海量的信息，为了准确判断城市状况，需要在城市内部广泛采集各种信息；信息处理系统是智慧城市建设的关键，仅采集海量信息而不具备相应处理能力无法完成智慧城市建设，城市需要构建高效智能的信息处理系统来根据各种需求对数据进行分析，从而实现智能决策；协同共享的城市资源体系是智慧城市运行的保障，传统城市内部的资源组织方式是零散的，资源被行业、部门、主体之间的边界分割，呈现出“资源孤岛”的状态，智慧城市则要求实现各类资源的协同共享，根据城市系统需要发挥资源的最大价值。

3. 城市系统性风险大大增加

城市建设是一个庞大的系统工程，包含诸多的复杂性和不确定性因素，新一代产业革命在为城市带来新发展机遇的同时，也带来了一系列重大挑战，系统性风险便是其中之一。

首先是技术风险。在第四次产业革命的不断推动下，城市的虚拟数字空间与传统物理空间将进行深度融合。未来城市建设主要依托物联网、云计算等新一代信息技术，通过在城市内部布置各种智能设备与软件形成一个类似于神经系统的超大型智能网络。一旦黑客攻击、人为破坏或者自然灾害等因素导致该智能系统重要节点或者中枢系统瘫痪，将严重威胁整个城市体系的正常运行。

其次是经济风险。从产业层面来看，在经济结构调整的过程中，资金、人才等资源不断从传统产业流向智能产业。如果转型不顺利，那么智能产业不仅不能造福其他产业，甚至会挤占其他产业的发展空间。从就业层面来看，智慧城市的快速发展一方面带来对掌握新兴技术高素质人才的大量需求，另一方面也将大大减少对普通劳动力的使用。因此，如果城市政府没有争取到足够的人才资源，没有对劳动力配置进行妥善调整，将会造成人才短缺和高失业率并存的严峻挑战，影响城市未来经济发展。

最后是管理风险。赵大鹏和张锐昕（2012）指出，智慧城市的本质是资源的重新分配，缺少统一规划和周密计划的盲目行动极有可能导致失败。当前智慧城市建设要求整合共享各部门的知识和信息以及高水平的跨组织管理协作，以实现知识和信息价值的最大化，然而，多个利益相关方的目标不一致或责权划分不清晰可能导致组织运行的低效率甚至混乱冲突。而智慧城市建设缺乏成熟理论与实践经验的指导，政府在将城市规划转化为实施路径的时候，往往缺乏具体可行的措施。

第二节 主要国家经验借鉴

一、第一次产业革命与英国经验

英国之所以能够成为第一次产业革命的发源地，有其深厚的制度基础。

资本主义制度最早在英国确立。17 世纪中期，英国成功推翻了封建专制制度，确立了资产阶级政治体制。英国在国内利用国家政权推行发展资本主义的政策措施，在国外通过大规模殖民掠夺积累巨额财富，有利于第一次产业革命的诞生。

这一时期，与第一次产业革命相关的英国国内制度主要有专利制度、工厂制度、金融制度、土地制度和宗教制度，如表 2-1 所示。具体来看，英国的专利制度发源较早，1623 年议会颁发了《独占条例》，该条例是一部具有现代意义的专利保护法律条例，极大地激励了英国的发明创造，引起了社会对技术的重视，源源不断地涌现出各种新产品，推动了英国经济的腾飞，也对其他国家专利保护制度的产生与发展产生了深远影响。对第一次产业革命而言，与专利制度同等重要的还有工厂制度，由于

表 2-1 第一次产业革命英国制度体系

制度类型	实施方式	主要影响
专利制度	1623 年颁布《独占条例》	激励创新
工厂制度	由手工作坊作业转为工厂生产	提高生产效率
金融制度	1694 年英格兰银行成立	提供良好融资渠道
土地制度	赋予圈地运动合法性	输送大量劳动力
宗教制度	1689 年颁布《信仰宽容法》	吸引技术移民

工厂大量使用机械，更加鼓励了对机械的改良和创新；生产不再散落于各

处的手工作坊，而是集中在工厂之中，大大提高了生产效率，节约了生产成本。金融制度方面，1694 年英国成立英格兰银行，该行后来发展成为英国的中央银行。与此同时，城市私人银行、地方银行等商业银行也蓬勃兴起。中央银行和各种商业银行共同构建起了英国银行体系，为产业革命提供了良好的融资渠道，促进了产业革命的发展。土地制度方面，英国政府为圈地运动赋予合法性，众多农民共同使用的公有地被剥夺，导致农民成为劳动力市场上的无产者。失去土地的农民涌入城市，为英国工业的发展提供了大量自由劳动力。宗教制度方面，英国实行比较宽容的宗教制度，于 1689 年颁布《信仰宗教法》，吸引了很多非国教徒来到英国。非国教徒带来了资金和技术，在工业（特别是纺织业）发展和技术进步方面做出重要贡献。

二、第二次产业革命与美国经验

第一次产业革命使英国在经济上处于领先地位，那时美国尚未取得较快发展，但美国借助第二次产业革命后来居上，经济快速发展，成功实现赶超。在美国崛起的过程中，一系列的制度创新起到了至关重要的作用，如表 2-2 所示。

表 2-2　第二次产业革命美国制度体系

制度类型	实施方式	主要影响
外贸制度	以关税为主的贸易保护政策	保护国内新兴工业
科研制度	实验室制度	促进科技成果产业化
金融制度	自由银行制度，发展证券市场	提供便捷的融资渠道
教育制度	普及义务教育，鼓励高等教育	提供经济社会发展所需的人才
公司制度	科学管理制度，流水线生产	提高公司管理效率和生产效率

一是外贸制度。第一次产业革命之后，英国成为经济强国，其自由贸易政策对美国这一后发国家的市场造成很大冲击。对此，时任美国财政部部长的汉密尔顿提出了“幼稚产业保护”这一思想，即通过设置关税来保护国内的新兴工业，抵御来自外部市场的激烈竞争。这一举措为美国国内工业的发展赢得了宝贵的时间，为经济赶超积累了所需的资本。

二是科研制度。为了鼓励科技创新，除了专利制度之外，美国还进一步设立了实验室制度，以促进创新成果的产业化。20 世纪初，杜邦公司建立了东部实验室，这是美国最早的工业实验室之一。实验室制度使科研机构直接服务于生产，通过科研项目解决生产中遇到的难题，使研发活动紧密围绕生产进行，极大提高了科技成果转化效率。从此，技术发明的产生方式发生了重大转变，从基于经验转为基于实验，创新速度大大提高。正是在这一时期，全球科技中心开始逐渐从欧洲转移到美国。

三是金融制度。19 世纪末，美国各州相继取消对银行进入的限制，实行自由银行制度，商业银行数量出现大规模增长，形成了相对发达的银行体系。1817 年，纽约证券交易所的前身“纽约证券交易和管理处”成立，这是美国股票市场正式形成的标志。美国的交通运输公司、煤矿公司、电力公司等都通过发行证券来筹集资金。社会闲散资金借助证券市场流向企业，使工业企业有了充足的资金供给，有利于投入研发、更新设备，带动产业发展。

四是教育制度。美国较早地意识到教育对国家发展的重要意义，以义务教育和高等教育为抓手发展教育。自 19 世纪 50 年代起，美国便开始实行义务教育，到 20 世纪初各州都颁布了义务教育法，确保义务教育的顺利开展，这些举措显著提高了美国国民的文化素质；在高等教育方面，为了培养高科技人才，1862 年美国政府制定了《莫雷尔法案》，赠予各州大量国有土地，鼓励各州开办和资助农业学院和工业学院。该法案公布之后，美国的州立大学数量迅速增加，为美国工农业的发展提供了充足的人才保障。

五是公司制度。除了国家层面的宏观制度建设，微观企业也在不懈探索公司制度创新。这一时期，泰勒制的科学管理方法与福特制的流水线生产方式是微观领域的重大制度创新。泰勒提出的科学管理制度强调用科学化、标准化的管理方法代替以往的经验管理，通过雇主和员工的友好合作，最大限度地发挥员工工作的积极性，实现劳动生产率的提高；1913 年福特公司开发出世界上第一条流水线，使每一个生产岗位有了标准化和通用性，从此批量生产成为可能，改变了工业传统的生产方式，大大降低了生产成本，提升了生产效率。流水线作业方式使工业供给能力大幅提升，使得众多产品不再只是富人才能购买的奢侈品，普通民众的消费需求也能得以满足，开辟出规模巨大的消费市场，进一步激励工业发展。

三、第三次产业革命与日本经验

第二次世界大战使日本经济陷入崩溃的边缘。随着第三次产业革命的到来，日本抓住这次难得的发展机遇，通过各方面的制度改革与创新（如表 2-3 所示）实现了经济的快速发展，一跃成为世界第二大经济体。

表 2-3　第三次产业革命日本制度体系

制度类型	实施方式	主要影响
外贸制度	出口第一主义	扭转贸易逆差，积累资金
科研制度	确立“流动研究制度”	激发科技创新活力
教育制度	调整课程专业设置，重视企业培训	满足产业发展对人才的需求
公司制度	管理：终身雇佣制、年功序列工资、企业工会制	增强员工的凝聚力，有利于公司长远发展
	生产：柔性制造系统	实现多品种、小批量生产应用

从外贸制度来看，20 年代 50 年代中期日本确立了贸易立国的对外经济战略，奉行“出口第一主义”，将出口看作一切经济活动的中心，具体表现为大力开展加工贸易促进经济发展。日本国内资源匮乏，技术比较落后，经济极度依赖国外的设备、技术、资源，因此存在长期的贸易逆差。为了支撑大规模的进口需求，日本必须大力扶持出口产业，提高其国际竞争力。“出口第一主义”最终使日本成功扭转贸易逆差的局面，为通过进口学习国外先进技术、产品积累了充足的资金。

在科研制度方面，日本在战后初期大量引进国外先进技术进行本地化改良，这种方式虽然独创性不强，但是对遭受战争重创的日本经济振兴起到了至关重要的作用。20 世纪 80 年代，日本进一步谋求以自主技术推动未来的经济发展，改革旧有科研体制，确立“流动研究制度”。为了集中力量推进尖端技术的大规模研发，流动研究制度将企业、大学和政府的优秀人才临时集中，组成课题研究小组。待项目完成之后，项目组成员再返回原单位，科技成果由科研人员和所在单位共同享有，极大地调动了各参与方的积极性。此外，日本科技决策机构还重视吸收企业资深人士担任要职，为科技决策提供建设性意见。在这样的科研体制下，日本的科技创新能力大幅提升，迅速占领了第三次产业革命的技术前沿。

日本的教育制度也随着产业发展方向的改变及时调整。为了在第三次产业革命中立于不败之地，日本的高中和大学早在20世纪70年代就已普遍开设计算机相关课程，大学里增设新材料、生物技术、电子和电机工程等先进技术领域的相关专业，并且不断扩大招生规模。除了学校课程和专业设置符合产业发展的要求之外，日本企业还拥有良好的培训制度，常年组织青年员工进修新兴技术。日本大企业的中央研发实验室不仅可以用于新产品开发，还可以为员工培训提供场地和设施。良好的教育制度与培训制度为日本培育了大量产业发展所需的科技人才，有助于日本产业紧跟第三次产业革命的浪潮发展知识密集型和技术密集型工业。

就公司制度而言，在员工管理方面，20世纪50年代很多日本大企业推行终身雇佣制，主动协调劳资关系，给予员工年功序列工资，组建工会，为员工营造良好稳定的职业发展前景。这一系列管理制度将员工利益与企业利益有机结合，有利于培养员工效忠企业、乐于奉献的精神。在生产组织方面，日本企业开始探索使用柔性制造系统来开展生产。柔性制造在计算机的支持下，能够适应加工对象的变化，可以实现有限工序的连续生产，适用于多品种、小批量的生产应用。1976年，日本发那科公司设计出由加工中心和工业机器人组成的柔性制造单元，为柔性制造系统提供了重要的设备形式，之后柔性自动化进入了生产实用阶段。柔性制造系统成为知识密集型自动化生产的核心组成部分，符合第三次产业革命中新兴技术与社会需求对生产方式的要求。

四、第四次产业革命与未来发展启示

回顾前三次产业革命可以看出，产业革命是经济增长的助推器，产业革命的出现使各国经济产生了巨大差距。每一次产业革命的诞生与发展都是一次创造性破坏的过程，由一系列的新兴技术来取代旧有技术。产业革命只能产生于可以容忍和接受创造性破坏的制度中。诺贝尔经济学奖得主道格拉斯·诺斯指出，产业革命与其说是技术革命，不如说是制度革命。在第一次产业革命中，英国处于领先地位，然而美国、德国仅仅用了不到半个世纪便实现了工业化进程的赶超，这其中的主要原因之一是美国、德国通过主动和持续地制度创新大大缩短了赶超的时间，由此可见制度革命对经济发展的重要意义。制度的落后已经使中国错过了前两次产业革命，改革开放之后中国才得以赶上第三次产业革命的后半段。然而，制度的障碍使中国仍然缺少重大技术创新。总结前三次产业革命与各国的制度建设，可以得到以下重要启示：

第一，产业革命涉及的不是单一制度的创新，而是整个制度体系的变革。梳理前三次产业革命中的制度因素可以得知，科研制度能够为科学技术提供良好的研发环境与政策激励，促进科技成果的产业化；金融制度为产业创新构建便捷的融资渠道，为研究开发与科技成果转化提供充足的资金支持；高素质人才是科技创新的根本，教育制度和培训制度为新兴产业提供符合需求的劳动力和人力资本；公司科学高效的管理制度和生产组织方式有助于合理使用资源要素，创造出最大生产力。可见，多方面的制度共同作用、相互耦合，最终成为产业革命的摇篮和助推器。

第二，重大技术创新往往需要经历无数次探索，产业革命需要保障自由探索的制度体系。重大技术突破的产生充满不确定性，不能够被预测也不能够被计划，一旦出现就会全方位颠覆原有技术经济，故而熊彼特称之为“创造性破坏”。政府规划通常只对已知的目标有效，而真正意义上的重大创新有很多都是在市场优胜劣汰的过程中产生的。只有自由宽容的制度环境和社会氛围才能将以求知为目的的科学探索和以盈利为目的的企业家精神有机结合起来。第四次产业革命带来的价值取向更加强调个体的作用和价值，因此政府应进一步厘清自身与市场之间的关系，在需要发挥作用之处“有为”，在有些情况下“无为”。

第三，制度体系不是一成不变的，应根据产业变革及时做出调整。随着经济社会的发展，技术更新的速度越来越快，呈现指数级的增长。技术革新引发产业变革，需要及时调整生产关系来适应产业的发展。制度体系如若僵化滞后，将成为产业变革的绊脚石，严重阻碍要素整合与自主创新。尤其是自第四次产业革命以来，全球经济日益开放互联，借助大数据、物联网和互联网等新兴技术，数据已成为新时期的关键要素资源；人工智能可借助一系列复杂算法对这些数据进行处理分析，并在现实世界执行智能操作。与此同时，随着开源运动的兴起，数据越来越开放，思想传播越来越迅捷，每个个体都可以参与到这次产业革命之中，贡献自己的能力与智慧。在第四次产业革命中，经济的运行日益灵活化与自主化，政府应根据形势及时调整制度框架，使经济在合理合法的范围内有效运行。

第三章　我国产业政策的演进与特征

我国产业政策自改革开放以来经历了较大转变，我国产业的快速发展正是与产业政策方面的制度创新协同并进的。我国产业政策的演进过程基本可以分为五个阶段，分别为产业政策理念形成期（1978—1988 年）、产业政策初步尝试期（1989—1993 年）、产业政策体系形成期（1994—2001 年）、产业政策体系完备期（2002—2012 年）和产业政策体系转型期（2013 年至今）。不同时期的产业政策取向都基于当时我国经济体制和产业发展的现实选择，无论哪个时期的产业政策，都既有其合理性也有其局限性。只有深入分析我国产业政策的演进与特征，才能更好地理解我国过去产业政策的现实依据与背后逻辑，并且牢牢把握未来我国产业政策发展的最新方向，从而有助于北京市在制定促进高精尖产业发展的相关政策上真正做到与时俱进和少走弯路。

第一节　我国产业政策演进的阶段

一、产业政策理念形成期（1978—1988 年）

改革开放之前，我国经济走的是一条高度封闭和保护、全面进口替代的工业化道路，当时我国尚未具备制定产业政策的相关知识与理念，在产业发展方面主要学习苏联，采取了优先发展重工业的战略，然而这种发展战略对于我国来说是跳跃式的发展，因为我国发展重工业并非基于产业结构由低到高的自然演进结果，更不是基于当时我国的产业比较优势，造成了我国产业发展的极端不平衡，第二产业尤其是重工业高速发展，第一产业和第三产业则表现为占比相对下降，由计划经济强行推动的这种工业化发展脱离市场需求，在市场化未得到充分发展的情况下，使产业结构完全脱离需求结构而发展。因此，改革开放前我国的产业发展产生了诸多问题，如产业结构非常不合理、国有经济市场垄断和缺乏效率、工业化与城市化进程脱节、工业化与人民收入水平脱节等。

1978 年 12 月，党的十一届三中全会明确了将党和国家的工作重心转移到经济建设上来并实行改革开放。过去长期以来实行的计划经济管理模式已不能适应新的经济发展形势，必须进行经济体制改革，逐步引入市场机制。我国开始关注世界其他国家尤其是日本在产业发展方面的成功经验，逐步形成我国最初的产业政策理念。

20 世纪 80 年代初，日本战后经济发展取得的成就引起了世界的广泛关注。西方学者普遍认为，是日本政府通过产业政策积极干预经济和产业发展造就了“日本奇迹”。同时，日本在产业发展上取得的成绩也引起了我国学者和政府的关注，使其开始研究日本产业政策的演进和调整，中日学者在这一时期围绕产业政策问题展开了深入的交流和讨论。

这一阶段我国关于产业政策问题的研究成果中比较有影响力的是国务院发展研究中心产业政策专题课题组撰写的《我国产业政策的初步研究》，该报告通过研究周边国家和地区的产业发展经验，充分肯定了产业政策的作用，指出“产业政策是许多国家实现工业化过程中推行的一整套重要政策的总称。一些实施产业政策得力的国家，在发展和国际竞争中卓有成效。日本、南朝鲜（编者注：原文如此，即韩国）等国家和地区通过产业政策实现‘竞争’与‘干预’相结合经济体制的经验值得我们重视”。该报告认为，“产业政策是扶植各个时期战略产业（或产业群）的发展、最大限度地享受后发性利益、实现国家工业化目标、赶超先进国家的政策。产业政策是经济发展的核心政策，通过其协调财政、金融、税收、外贸、外汇、技术、人才政策的制定和实施，形成产业政策体系”。关于产业政策的目标和政策体系构成，该报告指出，产业政策的目标是“实现产业结构、技术结构和出口结构的合理化”，产业政策体系包括“产业结构政策、产业组织政策、产业技术政策和进出口政策等”。总之，产业政策是政府调控市场机制的手段，“产业政策不仅可以协调各项宏观经济控制手段，为实现资源最优配置提供服务，而且可以通过其促进产业关联和组织的作用推动企业搞活并提高劳动生产率”，对于正处于改革开放中的我国而言，产业政策可以把建设和改革有机地结合起来，连接宏观经济与微观经济，填补计划真空和催育市场，可以作为推动计划经济向有计划的商品经济过渡的有力工具。通过产业政策的制定和实施，可以解决当时计划与市场的矛盾，并逐步建立起新模式下计划与市场的关系。

1984 年党的十二届三中全会召开后，我国经济体制的转型方向变为“有计划的商品经济”，1987 年党的十三大报告中明确提出了“新的经济运行机制，总体上来说应当是‘国家调节市场，市场引导企业’的机制”，“国家运用经济手段、法律手段和必要的行政手段，调节市场供求关系，创造适宜的经济和社会环境，以此引导企业正确地进行经营决策。实现这个目标是一个渐进过程，必须为此积极创造条件”。1988 年国家计划委员会成立产业政策司，负责产业政策的研究和起草制定工作。至此我国的产业政策理念初步形成。

二、产业政策初步尝试期（1989—1993 年）

1988 年 3 月，国务院发布了《国务院关于当前产业政策要点的决定》（国发〔1989〕29 号）。这是我国第一部以产业政策命名的政策文件，其中明确指出，“制定正确的产业政策，明确国民经济各个领域中支持和限制的重点，是调整产业结构、进行宏观调控的重要依据”，“当前和今后一个时期制定产业政策、调整产业结构的基本方向和任务是：集中力量发展农业、能源、交通和原材料等基础产业，加强能够增加有效供给的产业，增强经济发展的后劲；同时控制一般加工业的发展，使它们同基础产业的发展相协调”。

在产业发展序列方面，该决定明确指出“当前的产业发展序列，是各部门、各地区执行产业政策的基本依据，也是各项经济政策的导向目标。由于同一产业在社会再生产各个领域中的状况往往不同，需要采取不同的政策。因此，产业发展序列要按社会再生产的不同领域分别排列”。这一政策文件从生产领域、建设领域、外贸领域、改造领域四个方面制定了各主要产业的发展序列。作为该政策文件附件一同发布的还有《当前的产业发展序列目录》，这一目录详细列出了以上四个领域重点支持、严格限制与禁止生产的产业、产品（与工艺）。例如，在生产领域重点支持的产业、产品涉及 18 个产业领域的数百个产品。这种产业发展指导目录的形式，是后来我国《产业结构调整指导目录》的雏形。

在政策措施方面，该决定体现了较强的计划经济方式和选择性产业政策特征，提出“各部门、各地区要根据产业发展序列的要求，压缩固定资产投资、调整产业结构、引导外资流向，并结合财力、物力的可能，安排年度计划和‘八五’计划”，要求相关部门根据产业发展序列制定相应的信贷政策、税收政策、价格管理办法以及其他物资资料方面的支持政策，例如，要求银行从“限制的产业中抽回资金，投入到支持的产业中”，并且“国家计委要会同财政部、银行，根据产业发展序列要求，制订固定资产投资贷款优先顺序”。后续条目还对突出规模经济、乡镇企业相关要求、地方政府和计划部门实施以及制定产业政策配套的法律法规等方面做出了一系列规定。

在政策落实方面，该决定发布之后的两年里，共有 44 个地方、27 个行业主管部门、15 个经济综合部门提出了相应的实施办法。地方和部门主要根据中央政策精神，精心制定本部门、本地区的发展重点与限制重点，并列出相应目录。经济综合部门则主要提出具体实施办法，落实国家产业政策的实施保障措施。

该决定是我国制定实施产业政策的初步尝试，是在学习借鉴国际经验并结合我国国情基础上做出的重大制度创新。这一制度创新的理论依据主要借鉴了日本采用过的选择性产业政策及相应理念，但在实践中仍具有较强的计划经济特征，是产业计划管理与选择性产业政策的混合产物。选择性产业政策是一种基于“赶超理论”的后发国家产业政策，通过主动扶持战略产业和新兴产业，缩短产业结构的演进过程，以实现经济赶超目标。选择性产业政策是一种较为狭义的产业政策，政府直接干预市场，以政策部门的决定代替市场机制，并且对大型龙头企业进行大力支持与保护。因此，这种产业政策的弊端也很明显，一方面，政府培育某个行业的政策决定不一定优于市场机制的自然选择；另一方面，过度的支持与保护容易造成由缺乏市场竞争带来的生产效率低下。

尽管如此，引入选择性产业政策仍是适应当年我国经济体制发展的现实选择，是在我国改革开放初期初步引入市场机制以及确立“有计划的商品经济”的经济体制这一特定历史背景下的产物。长期的计划经济使我国政府在直接干预经济方面有着巨大的惯性，除了政策制定部门有待进一步解放思想之外，当时我国市场机制和配套制度的极不完善也决定了我国必须走这种渐进式改革的道路。一方面，尽管当时的商品经济（市场经济）快速发展，但缺乏完善的市场制度有效制约，导致我国尚不具备依靠市场自身充分优化资源配置的条件，因此实施具有较强干预性的产业政策有其内在合理性；另一方面，这种对传统计划经济体制进行的最初突破，看似改革幅度较为有限，但其本质是颠覆性的，且突破了严格的计划经济管理模式，实质上缩小了计划管理的范围。可以说，我国在产业政策方面的初步尝试，开辟了通过直接干预和影响资源配置进行的国民经济管理新模式，通过制定产业政策来调控进而放松对经济主体的控制，地方和企业也因此获得了更多的经济决策权，激发了经济主体的活力，促进了产业与经济的发展。

三、产业政策体系形成期（1994—2001 年）

1992 年 10 月，党的十四大指出要建立和完善社会主义市场经济体制；1993 年 11 月，党的十四届三中全会通过了《中共中央关于建立社会主义市场经济体制若干问题的决定》，明确指出“建立社会主义市场经济体制，就是要使市场在国家宏观调控下对资源配置起基础性作用”。由此我国对社会主义市场经济体制的改革全面展开。

这一时期我国经济进入快速发展阶段，经济体制改革进程加快，产业结构不断优化升级，加上当时我国正在为重新加入关税及贸易总协定（General Agreement on Tariffs and Trade，GATT）而努力，在制度方面还存在着向国际通行规则靠拢的需要，上述内外环境的新变化对我国下一步产业政策的制定提出了新的要求。因此，社会主义市场经济的发育、国际环境的变化以及中国的特殊国情被认为是制定下一步产业政策需要重点考虑的因素，并且明确了产业政策对于培育我国市场机制的重要促进作用。

1994 年 4 月，国务院发布了《90 年代国家产业政策纲要》。这是中国颁布的第一部基于市场机制的产业政策文件，其中明确指出，制定国家产业政策必须遵循“符合建立社会主义市场经济体制的要求，充分发挥市场在国家宏观调控下对资源配置的基础性作用”的原则，将市场机制提到了基础性地位。该文件共包括六大重点内容：一是大力发展农业和农村经济，增加农民收入；二是切实加强基础设施和基础工业建设；三是积极振兴支柱产业，特别是机械电子、石油化工、汽车制造和建筑业等产业；四是积极发展对外经济贸易，调整贸易结构，大力提高出口效益，鼓励进口新技术和相关的关键设备、关键零部件；五是产业组织政策、产业技术政策和产业布局政策，其中，产业组织政策旨在促进企业合理竞争、实现规模经济和专业化协作，产业技术政策旨在促进应用技术开发、鼓励科研与生产相结合、加速科技成果的推广、推动引进和消化国外的先进技术，产业布局政策旨在逐步缩小经济发达地区与欠发达地区的差距，形成地区间专业化分工协作；六是建立产业政策的制定程序和实施保障机制。

在《90年代国家产业政策纲要》的指导和要求下，各部门出台了一系列产业政策文件，包括《汽车工业产业政策》（1994年）、《水利产业政策》（1997年）、《当前国家重点鼓励发展的产业、产品和技术目录》（1998年版，2000年修订）、《当前优先发展的高技术产业化重点领域指南》（1999年版，2001年版）、《鼓励软件产业和集成电路产业发展的若干政策》（2000年）等。在规范外商投资方面，为加入世界贸易组织（World Trade Organization，WTO），我国还发布了《指导外商投资方向暂行规定》与《外商投资产业指导目录》（1995年本），并于1997年对这一指导目录进行了修订。

《90年代国家产业政策纲要》和其后的一系列产业政策文件，涵盖了产业结构政策、产业技术政策、产业组织政策及行业专项政策等，共同形成了一套具有我国特色的产业政策体系。这种产业政策体系对我国后来的产业政策思路和模式产生了深远的影响，后续的很多管制政策和指导目录都是这一时期产业政策模式的延续。

总之，该时期我国产业政策的政策思想与政策体系发生了新的转变，主要变化特征为计划管理相关的政策措施被逐步取代。政府部门仍然会选择特定的产业进行扶持或限制，但为了更好地发挥市场机制的作用，更多地使用投资审批、行业准入、财政税收和金融等作为产业政策实施的主要工具。产业政策在以市场机制为基础的情况下对相关产业进行调控和引导，而非过去具有很强约束性的严格计划管理，表现出了产业政策的灵活性，具体产业政策可以随着产业发展情况而去适应和调整，使企业逐渐成为市场主体，市场活力得以释放，促进我国的产业发展和产业结构调整。

四、产业政策体系完备期（2002—2012 年）

20 世纪 90 年代我国产业政策体系基本成形，21 世纪以来又经历了不断的调整和细化，更加强调市场配置资源的基础性作用，并出台了更多针对具体行业的细化政策，整个产业政策体系不断趋于完备。

这一时期，我国经济体制改革在市场化改革方面提出了新的要求。2002 年党的十六大报告明确提出，“在更大程度上发挥市场在资源配置中的基础性作用，健全统一、开放、竞争、有序的现代市场体系”。2003 年 10 月党的十六届三中全会通过了《中共中央关于完善社会主义市场经济体制若干问题的决定》，其中明确提出“更大程度地发挥市场在资源配置中的基础性作用，增强企业活力和竞争力”。该时期我国的产业政策是在上述背景下发展和演进的，具体来看，可以分为投资体制改革、引导产业结构调整、抑制产能过剩行业、培育战略性新兴产业这几大方面。

在投资体制改革方面，2004 年国务院颁布了《国务院关于投资体制改革的决定》。该文件强调“转变政府管理职能，确立企业的投资主体地位”，明确提出：要加强和改善对投资的宏观调控，综合运用经济的、法律的和必要的行政手段，对全社会投资进行以间接调控方式为主的有效调控；“对于企业不使用政府投资建设的项目，一律不再实行审批制，区别不同情况实行核准制和备案制。其中，政府仅对重大项目和限制类项目从维护社会公共利益角度进行核准，其他项目无论规模大小，均改为备案制”；要制定和适时调整投资指导目录，建立科学的行业准入制度，规范重点行业的环保、安全等标准，防止低水平重复建设。因此，《国务院关于投资体制改革的决定》在之后数年的产业政策制定过程中扮演着重要角色，为产业政策中采取新的指导目录、投资核准与备案、市场准入、土地使用制度等政策工具提供了重要依据。

对于外商投资，随着 2001 年我国加入世界贸易组织，在投资规则方面与国际接轨的需求越发迫切，2002 年国务院发布了《指导外商投资方向规定》，代替了 1995 年的《指导外商投资方向暂行规定》，另一相关重要文件《外商投资产业指导目录》在这一时期也经历了多次调整和修订，促使我国对外商投资开放程度不断扩大。

在引导产业结构调整方面，2005 年国务院颁布了《促进产业结构调整暂行规定》，为政策部门全面干预与管理产业领域的投资，从而干预（或促进）产业结构的演变提供了重要依据，同年国家发展和改革委员会经国务院批准发布的《产业结构调整指导目录（2005 年本）》正是以此为基础制定的，作为引导投资方向、政府管理投资项目，以及制定和实施财税、信贷、土地、进出口等政策的重要依据。《产业结构调整指导目录（2005 年本）》由鼓励、限制和淘汰三类目录组成，这一目录结构在后续年份的各个版本中一直被沿用，2019 年的《产业结构调整指导目录》（征求意见稿）也是如此。其中，对于鼓励类投资项目，可根据相关政策规定予以获取贷款、土地要素方面的便利与税收、土地价格等方面的优惠；对于限制类的新建项目则禁止投资；对于淘汰类项目严禁投资，已存在的淘汰类工艺技术、装备和产品必须按期淘汰，否则地方政府及相关部门可采取强制性措施。

受 2008 年国际金融危机的影响，我国于 2009 年出台了《国家重点产业调整和振兴规划纲要》，以“保增长、扩内需、调结构”为主要内容，涉及汽车、钢铁、纺织、装备制造、船舶、电子信息、石化、轻工业、有色金属和物流业这十大产业，先后出台了针对每个产业的调整和振兴规划，并制定了配套的诸多实施细则。作为严峻外部经济形势下的应对措施，危机后我国构建了更加全面而系统的产业政策体系，强化了政府部门对产业政策的运用，但也体现了较强的政府干预特点。

在抑制产能过剩行业方面，这一时期我国部分传统行业出现了明显的产能过剩问题，引起了政府部门的高度关注，我国相继出台了一系列抑制这些行业产能的产业政策。如 2003 年的《关于制止钢铁行业盲目投资的若干意见》（国办发〔2003〕103 号）、2006 年的《国务院关于加快推进产能过剩行业结构调整的通知》（国发〔2006〕11 号）和 2009 年的《关于抑制部分行业产能过剩和重复建设引导产业健康发展的若干意见》（国发〔2009〕38 号）等政策，主要涉及钢铁、水泥、平板玻璃等行业。在这一时期，我国初期主要以严格市场准入、强化环境监管、依法依规供地、实行有保有控的金融政策、严格项目审批管理、做好企业兼并重组、建立信息发布制度等方式治理这些行业的产能过剩问题，后来随着国际金融危机的爆发，治理产能过剩的措施变为以强制淘汰落后产能为主，2010 年《国务院关于进一步加强淘汰落后产能工作的通知》（国发〔2010〕7 号）明确了淘汰落后产能工作的目标分解、行政上的组织领导与问责机制。

在培育战略性新兴产业方面，我国相关的产业政策主要出台于国际金融危机之后。当时世界经济正处于新一轮产业革命孕育期的重要阶段，世界主要国家纷纷调整发展战略，大力培育战略性新兴产业，抢占未来经济科技竞争的制高点。在这一背景下，2010年国务院颁布了《国务院关于加快培育和发展战略性新兴产业的决定》（国发〔2010〕32号），对战略性新兴产业的概念进行了界定："战略性新兴产业是以重大技术突破和重大发展需求为基础，对经济社会全局和长远发展具有重大引领带动作用，知识技术密集、物质资源消耗少、成长潜力大、综合效益好的产业。"该文件明确了将七大产业作为当时我国的战略性新兴产业，这七大产业分别为节能环保、新一代信息技术、生物产业、高端装备制造产业和新材料、新能源产业、新材料产业、新能源汽车产业。此外，该文件还确定了以下五个方面的保障措施："强化科技创新，提升产业核心竞争力""积极培育市场，营造良好市场环境""深化国际合作，提高国际化发展水平""加大财税金融政策扶持力度，引导和鼓励社会投入""推进体制机制创新，加强组织领导"。

2012年国务院颁布了《"十二五"国家战略性新兴产业发展规划》（国发〔2012〕28号），针对当时我国的七大战略性新兴产业进行了细化部署，明确了七大战略性新兴产业内部各产业发展的时间节点、发展目标、重大行动和重大政策，力争到2020年使战略性新兴产业成为国民经济和社会发展的重要推动力量，以"加大财税金融政策扶持""完善技术创新和人才政策""营造良好的市场环境""加快推进重点领域和关键环节改革"为四大政策措施，有效统筹协调各方资源，"集中支持本规划明确的重大产业创新发展工程、重大关键技术研发与创新成果产业化、重大应用示范工程、创新能力建设等"。

综上，这一时期可谓我国产业政策体系的完备期，相关政策更加全面和细化。该时期我国产业政策体系以投资的核准与备案、准入管理和各类目录指导政策为主，针对不同行业制定相应的财税、信贷和土地政策，尤其对过剩产能行业以及战略性新兴产业分别制定了专门的发展规划。总的来说，该时期政府对于产业发展的干预性影响依然较强，这一方面是由政策部门的长期惯性所致，另一方面也体现了对于产能过剩和金融危机等内外部问题的担心。

五、产业政策体系转型期（2013 年至今）

党的十八大以来，我国经济进入了“新常态”，经济体制改革也步入全面深化改革阶段。全球经济自 2008 年国际金融危机后一直复苏缓慢，新一轮的产业革命尚处于孕育期，技术突破带来的潜在增长点还未显现。与此同时，我国经济增速开始放缓，长期以来依靠投资和要素驱动的经济增长方式已不可持续，高速经济发展积累的体制机制问题越发突出。因此，该时期我国的产业政策调整主要是在国内经济体制全面深化改革和全球各国抢占下一轮创新竞争制高点这两大背景下进行的。

2012 年 11 月，党的十八大报告中明确提出了“全面深化经济体制改革”“实施创新驱动发展战略”和“推进经济结构战略性调整”，其中“经济体制改革的核心问题是处理好政府和市场的关系，必须更加尊重市场规律，更好发挥政府作用”，创新发展要“着力构建以企业为主体、市场为导向、产学研相结合的技术创新体系”，以及在产业结构方面“推动战略性新兴产业、先进制造业健康发展，加快传统产业转型升级”。

在国内经济体制全面深化改革方面，2013 年党的十八届三中全会通过了《中共中央关于全面深化改革若干重大问题的决定》，其中明确提出了“建设统一开放、竞争有序的市场体系，是使市场在资源配置中起决定性作用的基础”，具体包括“建立公平开放透明的市场规则”和“完善主要由市场决定价格的机制”等内容。全面深化改革的背景对新时期我国产业政策的调整方向提出了新的要求，主要表现为政府在引导和干预的同时也开始注重为产业发展营造更有利的环境，逐步在我国的产业政策体系中引入更多的功能性产业政策。

与选择性产业政策不同，功能性产业政策中政府采取的主要举措为加强各种基础设施建设以及不断完善制度环境，通过这种环境建设来推动技术创新和人力资本投资，维护公平竞争，降低社会交易成本，从而创造有效率的市场环境，使市场功能得到充分发挥。功能性产业政策的重点是弥补市场失灵，主要特点为非专向性和非贸易扭曲性，政府对于市场的干预性相对很小，更多的是发挥打造产业发展大环境的作用。

这一时期，我国也出台了一系列产业政策文件，包括《中国制造 2025》

（国发〔2015〕28 号）、《国务院关于积极推进“互联网+”行动的指导意见》（国发〔2015〕40 号）、《国务院关于大力推进大众创业万众创新若干政策措施的意见》（国发〔2015〕32 号）、《国家创新驱动发展战略纲要》、《国务院关于印发新一代人工智能发展规划的通知》（国发〔2017〕35 号）、《国务院关于强化实施创新驱动发展战略进一步推进大众创业万众创新深入发展的意见》（国发〔2017〕37 号）等。可以看出，党的十八大以来我国的产业政策更加注重强化创新驱动、培育新兴技术产业和先进制造业。

在该时期我国的产业政策文件中，《中国制造 2025》可谓最具代表性，集中体现了转变经济增长方式和促进创新驱动发展的要求。《中国制造 2025》于 2015 年 5 月由国务院正式印发，是我国实施制造强国战略的第一个十年行动纲领。

一方面，《中国制造 2025》明确提出“全面深化改革，充分发挥市场在资源配置中的决定性作用，强化企业主体地位，激发企业活力和创造力”，其四个基本原则中的第一个就是“市场主导，政府引导”，更加注重发挥市场在资源配置中的决定性作用。因此，《中国制造 2025》在政策工具的选择上也更加注重营造良好的产业发展环境，提出“建设制造强国，必须发挥制度优势，动员各方面力量，进一步深化改革，完善政策措施，建立灵活高效的实施机制，营造良好环境；必须培育创新文化和中国特色制造文化，推动制造业由大变强”。具体而言，《中国制造 2025》提出了八个战略支撑与保障措施：第一，深化体制机制改革；第二，营造公平竞争市场环境；第三，完善金融扶持政策；第四，加大财税政策支持力度；第五，健全多层次人才培养体系；第六，完善中小微企业政策；第七，进一步扩大制造业对外开放；第八，健全组织实施机制。此外，从后续相关部门发布的《中国制造 2025》配套行动方案中也可以看出，《国家制造业创新中心建设工程实施指南》和《制造业人才发展规划指南》等方案已经具备了较为明显的功能性产业政策特征，尽管我国政策部门对产业发展的引导和干预仍有诸多体现，但功能性产业政策已经开始被纳入我国的产业政策体系中了。

另一方面，《中国制造 2025》以“创新驱动，质量为先，绿色发展，结构优化，人才为本”为基本方针，对“创新”的作用给予了充分的重视，旨在解决“制造业大而不强，自主创新能力弱，关键核心技术与高端装备对外依存度高，以企业为主体的制造业创新体系不完善”等方面的问题，明确提出了新一代信息技术产业、高档数控机床和机器人、航空航天装备、海洋工程装备及高技术船舶、先进轨道交通装备、节能与新能源汽车、电力装备、新材料、生物医药及高性能医疗器械等10个领域，以及每个领域力图重点突破的关键技术、装备和产品。其后续的11个配套实施指南、行动指南和发展规划指南，也主要强调强化创新驱动作用和培育新兴技术产业，具体包括国家制造业创新中心建设、工业强基、智能制造、绿色制造、高端装备创新五大工程实施指南，发展服务型制造和装备制造业质量品牌两个专项行动指南，以及新材料、信息产业、医药工业和制造业人才四个发展规划指南。

此外，值得一提的是，这一时期我国对过剩产能行业的管制更为严格，出台了《国务院关于化解产能严重过剩矛盾的指导意见》（国发〔2013〕41号）、《国务院关于钢铁行业化解过剩产能实现脱困发展的意见》（国发〔2016〕6号）、《国务院关于煤炭行业化解过剩产能实现脱困发展的意见》（国发〔2016〕7号）和《关于做好2017年钢铁煤炭行业化解过剩产能实现脱困发展工作的意见》（发改运行〔2017〕691号）等一系列文件，严格管制甚至是禁止新建产能投资，设立去产能专项基金，严格淘汰不符合技术、环保、能耗、规模等标准的产能，制订严格的去产能目标，然后通过指标层层分解、落实地区与企业责任以及行政问责的方式来去产能。因此，在去产能方面，相关政策仍保留了较强的直接干预市场特征。

总之，随着我国进入新的经济发展阶段，迫切需要通过深化市场经济体制改革与实施创新驱动发展战略为国民经济的健康发展注入新的动力，因此，我国的产业政策发展也出现了两个新的重要趋势，一是产业政策体系中越来越多地引入功能性产业政策，二是促进产业创新政策在整个政策体系中扮演着越来越重要的角色。

第二节 我国产业政策演进的特征

改革开放以来，我国经济体制和经济结构经历了重大转变，产业变革与制度创新协同并进。我国的产业政策在这一过程中的演进，基本是沿着两条脉络进行的：一条是经济体制的转换，即市场化趋向的政策改革；另一条是随着经济结构变迁进行的，即推动产业结构调整升级。

首先，随着我国市场化改革的开展，我国的产业政策越来越注重发挥市场机制的作用。在我国的经济体制转型过程中，我国经历了从计划经济体制、有计划的商品经济、社会主义市场经济体制“在更大程度上发挥市场在资源配置中的基础性作用”到“使市场在资源配置中起决定性作用”的转变过程。与此同时，我国的产业政策体系也经历了一个从计划管理与选择性政策混合的产业政策体系，到选择性产业政策体系，再到以选择性产业政策为主体、以功能性产业政策为辅助的产业政策体系的转变过程。

其次，我国工业化进程的不断发展决定了不同时期的产业政策重点。在改革开放初期，同时也是我国的工业化初期，产业政策的重点主要是减少计划管理、加强基础设施建设、发展基础产业与培育发展出口创汇产业；在工业化中期，产业政策重点转变为加快基础设施和基础工业的发展、以产业政策管理全面替代计划经济管理、支持资本密集型产业的发展并将其培育成支柱产业，加大对外开放力度、积极发展对外贸易；在工业化中后期，产业政策的重点在于全面支持资本密集型行业的技术提升、产品升级以及竞争力提升，培育和发展技术密集型产业以及全面扩大对外开放；如今，随着我国步入工业化后期，产业政策的重点转为提升技术密集型行业的技术能力、促进其产品升级及研发能力，培育和发展新兴产业，推动整个产业体系研发能力、创新能力的提升以及新技术的扩散。

未来我国的产业政策将朝着强化功能性的方向继续演进，进一步发挥市场机制的决定性作用，并打造有利于创新驱动的产业发展大环境。2018年年底召开的中央经济工作会议指出，要切实转变政府职能，大幅减少政府对资源的直接配置，强化事中事后监管，凡是市场能自主调节的就让市场来调节，凡是企业能干的就让企业干。这些论述为正确处理政府与市场关系、发挥好“两个作用”指明了方向，成为新时期调整产业政策的主要依据。2018 年 11 月 1 日，习近平总书记在民营企业座谈会上提出，要推进产业政策由差异化、选择性向普惠化、功能性转变，清理违反公平、开放、透明市场规则的政策文件。可见，普惠性、功能性将成为我国产业政策最本质的“标签”。

因此，未来我国的产业政策将体现以下五个方面的新特征：一是政策模式转变为以功能性产业政策为主；二是政策目标从支持产能扩张转向支持质量提升；三是政策对象从支持国有企业、大企业为主转向一视同仁对待各类所有制、各种规模企业；四是政策手段从以行政手段为主转向行政、市场、法治手段并重；五是政策制定从有限参与向透明操作转变。

基于上述我国产业政策演进的背景，未来北京市发展高精尖产业也应遵循普惠性、功能性的产业政策调整方向。

我国之所以长期采用选择性产业政策，是因为选择性产业政策相对适合后发国家实施经济赶超战略，能够通过“集中力量办大事”的方式促进特定产业快速发展。然而，当前我国产业发展已迈向中高端水平，在国际上可对标的产业范围缩小，加上第四次产业革命正处于孕育期，各国都无法准确判断未来的经济增长点将源于哪个产业，因此应更多地让企业家根据自己的判断选择产业、技术路径和商业模式，让我国企业家与全球企业家共同在市场上反复试错，最终确定哪些产业和技术是有前景的，此时政府在产业和技术选择方面并不比市场具有更多信息和判断优势，因此要减少选择性产业政策的应用，而去做好促进创新发展的环境建设工作。就我国现有的产业政策来看，政府对市场干预性最强的手段和措施主要被应用在去产能方面，如针对钢铁、煤炭等行业的相关政策。即便如此，根据 2018 年年底中央经济工作会议提出的最新要求，未来我国的供给侧结构性改革也将更多地采取改革的办法，更多地运用市场化、法治化手段来推进。

作为我国的首都，北京市的产业结构高级化程度在全国名列前茅，早已过了需要强制淘汰落后产能的阶段，未来北京市要发展高精尖产业、建设“科技创新中心”、成为“全国创新驱动经济增长新引擎”，必须进一步强化功能性产业政策的地位，真正使市场机制发挥决定性作用。为实现这些目标，北京市在制定产业政策的思路方面也要走在全国前列，如何进一步实现政府由“主导”向“引导”的转变，如何打造全国领先的科技创新生态环境，是值得我们深入研究的现实课题。

第四章　北京高精尖产业发展概况

第一节　北京市发展高精尖产业的政策背景

当前北京市城市总体规划基本上围绕着“四个中心”建设、高精尖经济结构以及京津冀协同发展三大方面展开，这三大战略方针都是习近平总书记在2014年考察北京时提出的，构成了近年来北京市制定和实施产业发展相关政策的重要背景。

“四个中心”建设尤其是科技创新中心建设，可谓北京市未来产业政策制定的重要依据。在国务院2016年印发实施《北京加强全国科技创新中心建设总体方案》（国发〔2016〕52号）的基础上，2017年北京市发布了《北京城市总体规划（2016年—2035年）》，要求北京市充分发挥丰富的科技资源优势，不断提高自主创新能力，在基础研究和战略高技术领域抢占全球科技制高点，规划建设好中关村科学城、怀柔科学城、未来科学城、创新型产业集群和“中国制造2025”创新引领示范区，把北京市建设成为具有活力的世界级创新型城市。

在高精尖经济结构的发展要求下，北京市提出了发展高精尖产业，通过更高级的产业结构带动北京市以及京津冀区域的发展。2016年7月，北京市出台《北京市人民政府关于进一步优化提升生产性服务业加快构建高精尖经济结构的意见》（京政发〔2016〕25号），意味着北京市未来的产业建设将加快朝“高精尖”的方向展开。2017年《北京城市总体规划（2016年—2035年）》明确提出了“坚持生产空间集约高效，构建高精尖经济结构”。因此，构建高精尖的经济结构、打造高精尖的产业格局，是近年来北京市一系列产业引导政策的核心任务。

京津冀协同发展也对北京市的产业发展提出了要求。2015 年 4 月，中共中央政治局审议通过了《京津冀协同发展规划纲要》，明确了京津冀的功能定位、协同发展目标、空间布局、重点领域和重大措施。要将京津冀地区建设成为区域整体协同发展改革引领区和全国创新驱动经济增长新引擎，必须协同建立产城融合、创新驱动的产业空间体系；以创新为纽带，促进区域产业链条贯通；突出北京（中关村）的产业引领地位，重点培育河北雄安新区及天津滨海新区，石家庄、保定等高新技术产业集群和创新型产业集群。

这三大战略方针在之后北京市经济发展的重要规划中均有体现。2015 年 12 月，北京市政府印发了《〈中国制造 2025〉北京行动纲要》。该行动纲要以《中国制造 2025》和《京津冀协同发展规划纲要》为依据，持续推动北京市制造业转型升级，加快构建高精尖经济结构，努力建设全国科技创新中心。2016 年北京市政府印发了《北京市国民经济和社会发展第十三个五年规划纲要》，第五篇即为“加快建设全国科技创新中心”，其中包含的四个章节分别为“提升全面创新能力”“全力建设国家自主创新示范区”“加快构建高精尖经济结构”以及“推动京津冀协同创新与产业协作”。2016 年 11 月，北京市发展和改革委员会在此基础上印发了《北京市“十三五”时期高技术产业发展规划》（京发改〔2016〕1944 号），同月北京市政府印发了《北京市深化市级财政科技计划（专项、基金等）管理改革实施方案》（京政办发〔2016〕55 号），为北京市建设成为全国科技创新中心提供关键支撑。

具体针对北京市高精尖产业的发展，北京市于 2017 年 12 月发布了《北京市加快科技创新发展新一代信息技术等十个高精尖产业的指导意见》，选取了新一代信息技术、集成电路、医药健康、智能装备、节能环保、新能源智能汽车、新材料、人工智能、软件和信息服务以及科技服务业等十个产业作为重点发展的高精尖产业，分别编制了指导意见，在资金投入、人才培养、知识产权保护等方面进行针对性的配套支持。2017 年年底到 2018 年年初，北京市先后发布了《关于优化人才服务促进科技创新推动高精尖产业发展的若干措施》（京政发〔2017〕38 号）、《北京市高精尖产业发展资金管理暂行办法》（京经信委发〔2017〕74 号）和《北京市人民政府关于加快科技创新构建高精尖经济结构用地政策的意见》（京政发〔2017〕39 号），作为北京市发展高精尖产业的三大配套措施，从土地、财政和人才三个方面给予政策支持，结合十大高精尖产业的指导意见，共同构成了针对北京高精尖产业的“10+3”政策体系。2018 年年底，北京市经济和信息化局会同市科委、北京市市场监督管理局等有关单位联合研究制定了《北京市十大高精尖产业登记指导目录（2018 年版）》（以下简称《目录》），进一步明确了包含科技服务业在内的十大高精尖产业的细分行业。需要注意的是，虽然《目录》已经公布，但是目前尚未开始使用新的《目录》来统计高精尖产业的各种经济指标。北京市十大高精尖产业中既包含高端制造业，也包含高附加值服务业，因此这里使用高技术制造业来研究高精尖产业中的制造业部分，以国民经济行业分类中的科学研究和技术服务业以及信息传输、计算机服务和软件业来研究高精尖产业中的服务业部分。

第二节　北京高精尖产业的发展现状

近年来，北京致力于构建高精尖经济结构，大力发展新技术、新产业和新业态，经济持续快速增长，产业结构不断优化，创新驱动特征明显。

首先，就整体经济而言，2018 年北京 GDP 高达 30320 亿元，约比 1978 年的 109 亿元增长了 277 倍；人均 GDP 为 14 万元，达到发达国家水平，约比 1978 年的 1257 元增长了 110 倍。北京的经济发展一直走在全国的前列，2007 年之前北京经济增长率稍高于同期全国经济增长率，2007 年之后变为略低于全国经济增长率。这表明，北京更早步入了新常态阶段，面临经济增长新旧动能转换问题。

其次，从产业结构来看，北京的产业结构正向高端化演进，服务业占比逐年增加。经过多年的发展，北京的产业不断“去工业化”，第一、第二产业在经济中的比重减小，第三产业逐渐占据主要地位。2018 年，三次产业构成为 0.4：18.6：81.0，产业结构逐渐呈现出高端化的发展趋势。北京地区生产总值构成显示，2017 年北京高技术产业（包括高技术制造业和高技术服务业）增加值占地区 GDP 的 22.76%，对经济增长的拉动作用明显。如图 4-1 所示，在高技术制造业中，医药制造业贡献了 6.39%的地区 GDP，电子及通信设备制造业为 4. 13%，医疗仪器设备及仪器仪表制造业为 2. 35%。在高技术服务业中，信息服务贡献了 45. 19% 的地区 GDP，专业技术服务业的高技术服务为 14. 67%，研发与设计服务为 12. 46%，科技成果转化服务为 7. 56%。

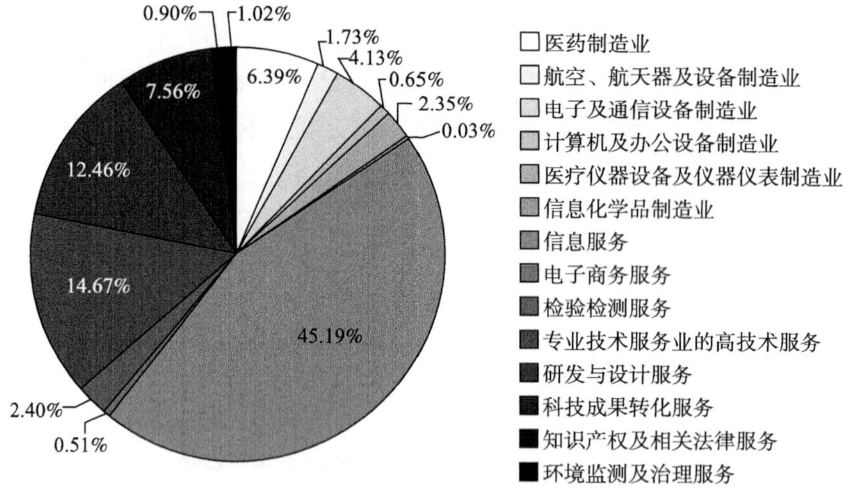

图 4-1　2017 年北京市高技术产业增加值

资料来源：《北京统计年鉴 2018》。

最后，北京创新要素集聚，创新驱动特征明显。北京地区高校云集，拥有全国独一无二的科教资源优势。北京地区有科研院所 412 家，居全国首位。目前，北京科技创新研发投入强度已经达到 6. 17%，远超创新型国家和地区 2. 5%的水平。与此同时，北京科技创新对全国其他地区的辐射能力也在不断增强。数据显示，2017 年北京技术市场成交额高达 4485. 3 亿元，占全国总量的 33. 4%，其中流向外省市的金额占北京技术市场成交总额的 52%，日益凸显出北京作为科技创新中心的重要作用。

一、北京产业发展的历史进程

北京市的产业发展大致经历了四个阶段。在这一过程中，北京市的主导产业首先从新中国成立初期的以手工业为主转变为 20 世纪 70 年代的由重化工业主导；改革开放后，北京市开始注重技术密集型工业，同时大力发展第三产业；1994 年之后，北京市工业主导产业逐渐转变为高新技术产业和先进制造业，现代服务业快速发展；2008 年后，北京市加快疏解非首都功能，提出构建高精尖经济结构，大力发展高精尖产业。

第一个阶段为 1949—1978 年，这一阶段北京市以“建设现代化工业基地”为目标，“全面发展重化工业”。工业由手工业向现代工业、由劳动密集型向资本技术密集型转变，城市类型由消费型城市向重化工业城市转型。确定以重化工业为首都工业发展方向后，该阶段北京市产业投资和产业部署均围绕着加快重化工业发展来推进，一大批重化工业项目在北京各区县遍地开花。因此，1949 年年底，北京市登记的工业户中 80%以上是手工作坊和工场手工业，而到了 20 世纪 70 年代末期，北京市的产业结构呈现出明显的“二、三、一”格局，化工、机械、冶金已成为当时北京市重工业发展的代表性产业，形成了较为完备的工业体系。第二产业作为北京市经济发展的主导产业，在三次产业中的占比由 1949 年的 36.8%上升为 1978 年的 71%，也带动了北京市地区生产总值从 1949 年的 2.8 亿元增至 1978 年的 108.8 亿元，帮助北京市生产总值用 29 年时间实现了从亿元到百亿元的增长。

第二个阶段为 1979—1994 年，此时北京市经济发展特征为“突出首都功能，限制发展重化工业”，强调发展技术密集型工业，同时开始大力发展第三产业。这一阶段北京市的产业结构出现了较大调整，1994 年北京市第三产业比重超过第二产业，三次产业结构从 1978 年的 5.1∶71∶23.9 转变为 1994 年的 5.8∶45.1∶49.1。尽管如此，这一时期北京市的重化工业仍呈现快速增长态势，以首钢为代表企业，该时期北京市钢铁业快速发展，大规模采用自动化、节能和环保等新技术，炼钢和型材等生产能力大大提高，1994 年北京市钢产量位列全国第一。1994 年北京市地区生产总值达到了 1145.3 亿元，用了 16 年时间完成了生产总值从百亿元到千亿元的迈进。

第三个阶段为 1994—2007 年，该时期北京市开始强调“发展首都经济和知识经济，实现可持续发展”。随着我国 1994 年《90 年代国家产业政策纲要》（国发〔1994〕33 号）的出台，北京市的产业发展也进入了新的时期，以电子信息、生物医药、汽车等为主的高新技术产业、先进制造业逐渐取代化工、冶金等传统重工业，成为北京市工业的主导行业。相应地，北京市的产业园区也实现了逐步转型，实现了从过去的电子工业区、纺织工业区向高科技园区的转型。随着北京市内部结构的不断优化、城市经济的高端化发展，在现代制造业占比逐步提升的同时，第三产业尤其是现代服务业也取得了快速发展，第三产业的比重于2006年突破70%，并处于持续上升趋势中。高新技术产业以及第三产业的快速发展为北京市带来了新的经济增长点，北京市地区生产总值从千亿元到万亿元只用了13年，2007年北京市地区生产总值达到了10071.9亿元。

第四个阶段为2008年至今，尤其是党的十八大以来，北京市加快构建“高精尖”经济结构，大力疏解非首都功能，清退一般制造业、区域性市场和区域性物流功能。2014年2月26日，习近平总书记考察北京时提出了“四个中心”建设，即全国政治中心、文化中心、国际交往中心、科技创新中心。围绕“四个中心”的城市发展定位，北京率先提出了发展“高精尖”产业的构想。2018年，在北京市规模以上的工业中，高技术制造业、战略性新兴产业产值的比重分别为22%和23.4%（二者有交叉）。与此同时，服务业内部结构也不断优化升级，批发与零售业、交通运输仓储和邮政业等传统服务业增加值合计占第三产业的比重在2018年已降为15.8%，以金融业、信息服务业、商务服务业、科技服务业等为主的现代服务业占第三产业的比重在2018年则高达75.8%。这一时期北京市经济总量持续扩大，分别用6年和5年的时间迈上2万亿元和3万亿元台阶，2013年地区生产总值超过2万亿元，2018年达到30320亿元。

二、北京高技术产业发展现状

（一）北京高技术制造业发展现状

1. 固定资产投资情况

从固定资产投资额来看，2000年北京高技术制造业固定资产投资为24.49亿元，到2016年达193.9亿元，16年间增长了近7倍。总体而言，北京高技术制造业的固定资产投资额呈现出在波动中持续增长的趋势，然而值得注意的是，北京高技术制造业固定资产投资额占全国的比重2000年为4.35%，2016年则为0.85%，如图4-2所示。

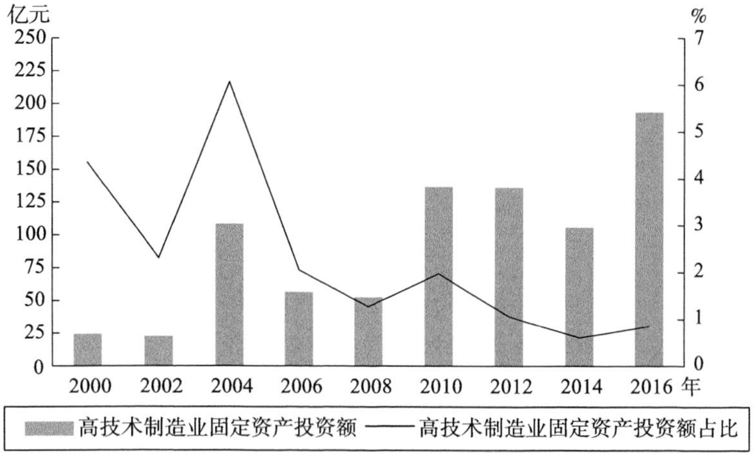

图 4-2　北京高技术制造业固定资产投资额及占全国比重

资料来源：历年《中国高技术产业统计年鉴》。

对于这一点，如图 4-3 所示，从历年北京高技术制造业新增固定资产投资额及占全国比重也可以明显看出，虽然 2000 年至 2016 年北京高技术制造业新增固定资产投资额从 15. 89 亿元增加到 88. 5 亿元，并于 2014 年达到了投资的最高点 278 亿元，但其新增固定资产投资额占全国的比重在波动中下降，从 2000 年的 4. 01%下降到 2016 年的 0. 67%。

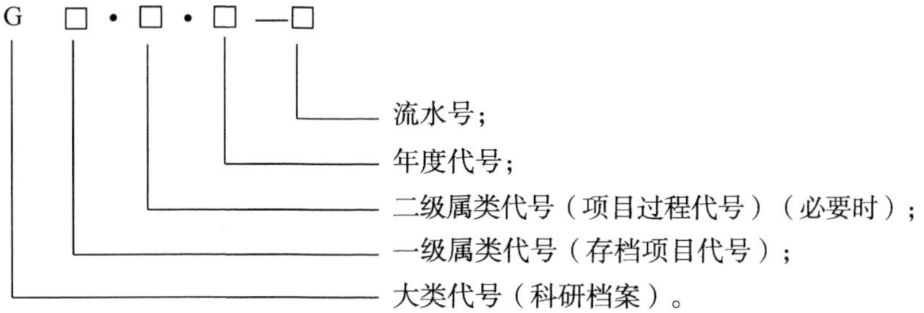

图 4-3　北京高技术制造业新增固定资产投资额及占全国比重

资料来源：历年《中国高技术产业统计年鉴》。

这一现象的出现有两种可能的原因：一方面，这与近年来北京产业结构的持续软化有关，产业结构由以制造业为主向以服务业为主转型，北京先于全国步入后工业化阶段，其中高技术制造业固定资产投资额或新增固定资产投资额占全国的比重有所下降是符合这一事实的；另一方面，北京为解决“大城市病”实行减量发展战略，大量制造业企业的不断外迁，也会导致固定资产投资与其他地区高技术产业相比增速较慢，进而导致其占全国的比重降低。

2. 企业数量与所有制结构情况

从企业数量来看，北京高技术制造业企业数量经历了先增后减的过程。如图 4-4 所示，2000 年北京高技术制造业企业数为 582 个，之后企业数不断增多，至 2008 年达到 1134 个，随后开始减少，到 2016 年降至 795 个。从企业数占全国比重来看，北京高技术制造业企业数占全国比重 2000 年为 5. 99%，2016 年则为 2. 58%。北京高技术制造业企业数量的变化趋势同样与北京产业结构软化以及制造业企业外迁有关。

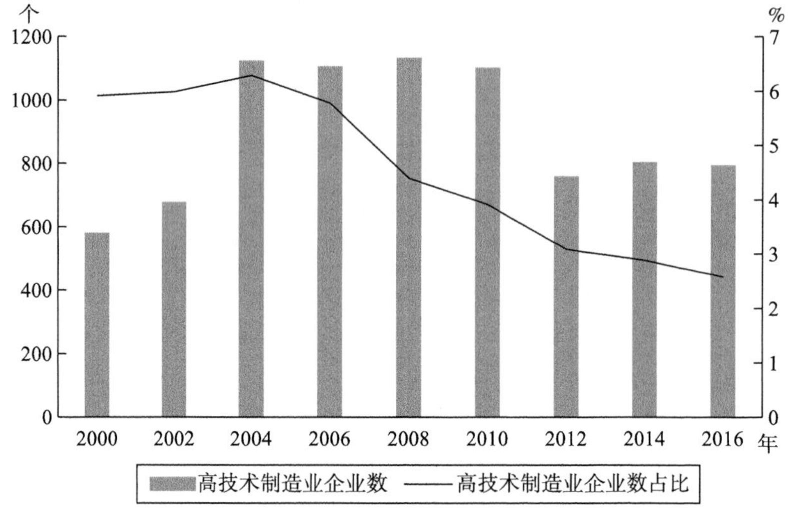

图 4-4　2000—2016 年北京高技术制造业企业数及占全国比重

资料来源：历年《中国高技术产业统计年鉴》。

就企业的所有制类型而言，近年来，北京高技术制造业企业的所有制结构呈现出显著变化。如图 4-5 所示，2000 年，35%的北京高技术制造业企业是国有企业，42%是内资企业，约 23%是外资和中国港澳台资企业。到 2016 年，北京高技术制造业中，国有企业比例明显降低至 18%；外资和中国港澳台资企业比重也由 23%减至 18%；与之对应的是内资企业比重大幅上升，从 42%增至 64%。高技术制造业企业所有制结构的变化显示出，高技术制造业由最初的政府推动转变为市场主导，政府不断退出，市场作用逐渐加强，微观企业的活力大幅提升。

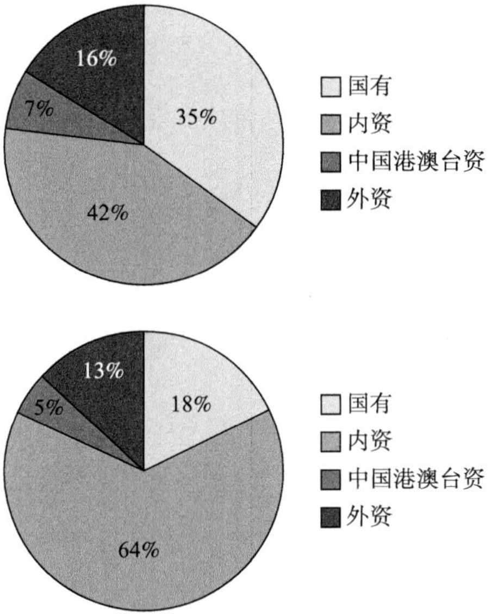

图 4-5　2000 年（上）和 2016 年（下）北京高技术制造业企业的所有制结构

资料来源：2001 年、2017 年《中国高技术产业统计年鉴》。

3. 主营业务收入情况

如图 4-6 所示，近年来，北京高技术制造业主营业务收入额稳步提高，从 2000 年的 1020.8 亿元上升至 2016 年的 4309 亿元，增长了三倍多。然而，北京高技术制造业主营业务收入总体占全国的比重却呈现出下降的趋势，由 2000 年的 10.16%降至 2016 年的 2.80%。这说明，一方面，在北京高技术制造业主营业务收入持续提高的同时，国内其他地区的高技术制造业也在快速发展；另一方面，北京由于产业结构软化以及制造业外迁，其高技术制造业在全国的分量正不断降低。

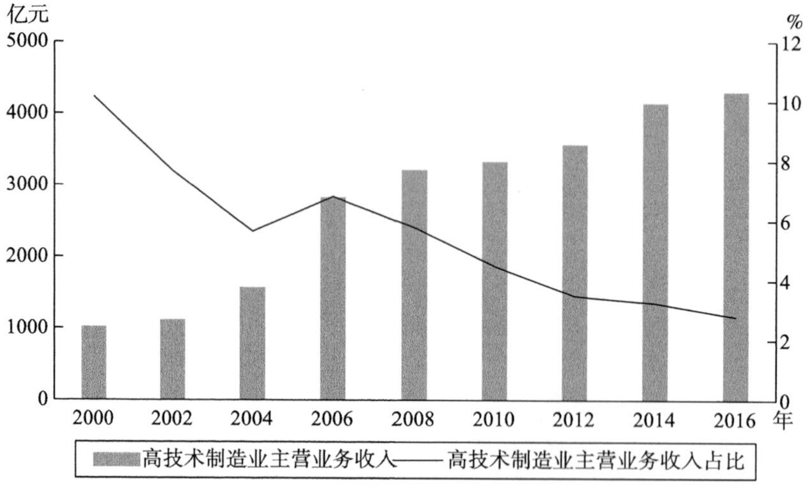

图 4-6　2000—2016 年北京高技术制造业主营业务收入及占全国比重

资料来源：历年《中国高技术产业统计年鉴》。

4. 盈利情况

如图 4-7 所示，北京高技术制造业利润总额逐年增长，从 2000 年的 82.6 亿元上升到 2016 年的 321 亿元，增长了三倍多。然而，同主营业务收入一样，北京高技术制造业创造的利润总额占全国的比重也呈现出不断下降的趋势，从 2000 年的 12.27%降低至 2016 年的 3.12%。

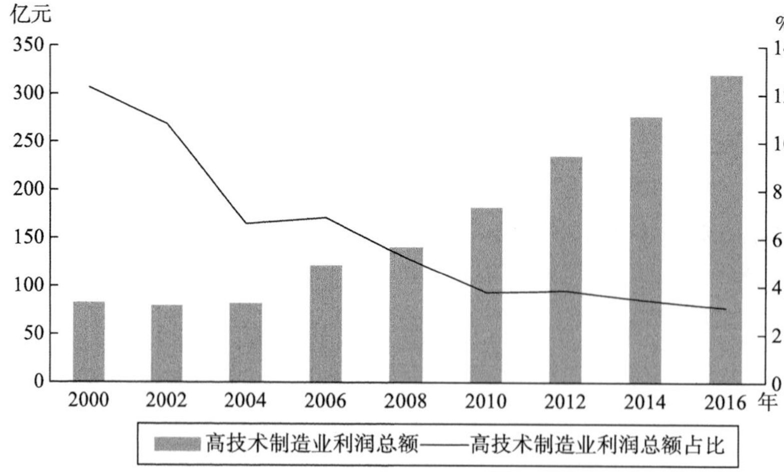

图 4-7　2000—2016 年北京高技术制造业利润总额及占全国比重

资料来源：历年《中国高技术产业统计年鉴》。

与此同时，北京高技术制造业收入利润率的变化趋势为先下降后上升，具体如图 4-8 所示。2000 年至 2006 年，北京高技术制造业收入利润率由 8.09%降低至 4.30%；2006 年至 2016 年，利润率逐渐回升，由 4.30%升至 7.45%。结合北京高技术企业数目的先增后减，说明北京市高技术制造业经过十几年的发展，已经不再一味追求数量增长，而开始转为追求质量增长，向着高收益、高附加值的方向不断转型升级。

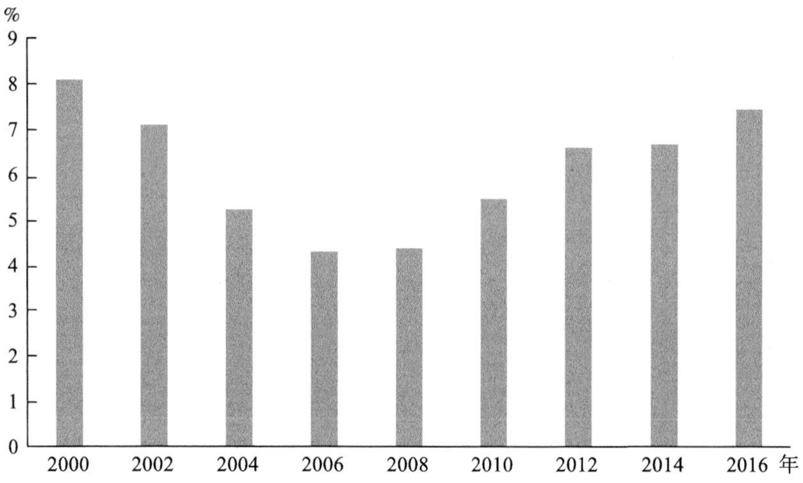

图 4-8　2000—2016 年北京高技术制造业收入利润率

资料来源：历年《中国高技术产业统计年鉴》。

5. 出口情况

出口规模可以在一定程度上显示产业的国际竞争力，北京的高技术制造业的出口规模经历了先上升后下降的变化过程。如图 4-9 所示，2000 年北京高技术制造业的出口交货值为 160.2 亿元，之后出口规模不断扩大，到 2008 年达到最高点 1328.35 亿元；2008 年之后出口规模逐渐缩减，到 2016 年缩减至 645.4 亿元。尽管高技术制造业出口规模绝对值的下降可能是受全球经济不景气的影响，但高技术制造业出口交货值占全国的比重也趋于降低，由 2006 年的最高点 4.91%下降至 2016 年的 1.23%。这说明，虽然北京高技术制造业在不断发展，但是目前其出口规模和国际竞争力还有待提升。

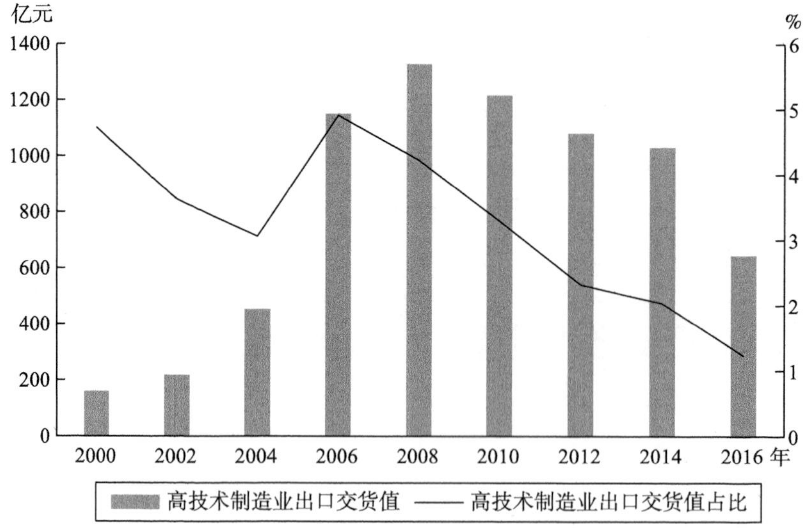

图 4-9 2000—2016 年北京高技术制造业出口交货值及占全国比重

资料来源：历年《中国高技术产业统计年鉴》。

6. 创新情况

经过十多年的发展，北京高技术制造业的创新能力大幅提升。以专利申请数来看，如图 4-10 所示，2000 年北京高技术制造业的专利申请数仅为 7 件，到 2016 年增加至 6775 件。北京高技术制造业专利申请数量从长期来看有显著增长，但是值得注意的是，2012 年为申请数量的最高点 9972 件，之后北京高技术制造业专利申请数量有所回落。与此同时，从北京高技术制造业专利申请数量占全国的比重来看，这一指标近年来在 4% 至 10%，相较于北京所拥有的创新资源而言，北京高技术制造业的创新效率尚待进一步加强。

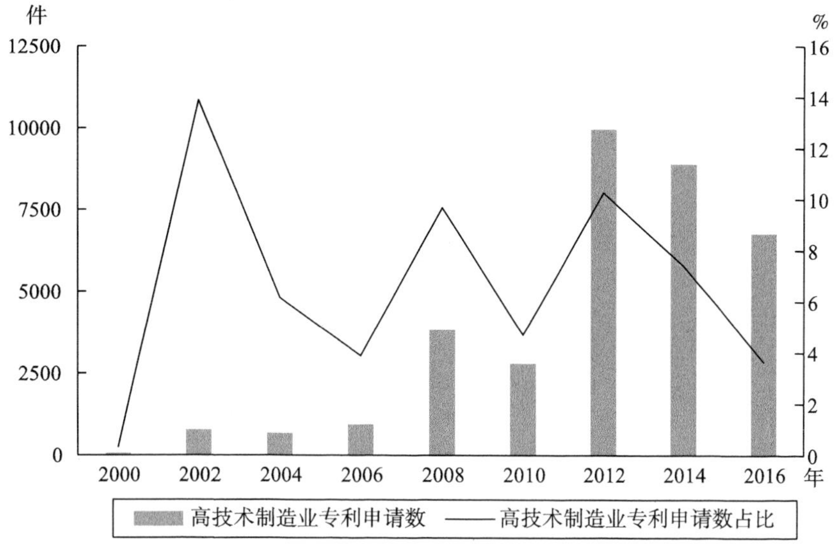

图 4-10　2000—2016 年北京高技术制造业专利申请数及占全国比重

资料来源：历年《中国高技术产业统计年鉴》。

（二）北京高技术服务业发展现状

1. 规模以上单位数

从规模以上各行业的单位数来看，由图 4-11 和图 4-12 可知，除了每个行业单位数量均有增长之外，北京第三产业的内部结构在 2010 年和 2017 年没有发生根本性的变化。北京第三产业中，企业数目最多的前六大行业依次是批发与零售业，租赁和商务服务业，房地产业，住宿和餐饮业，科学研究和技术服务业以及信息传输、软件和信息技术服务业。科学研究和技术服务业以及信息传输、软件和信息技术服务业作为高技术服务业分别排行第五、第六。

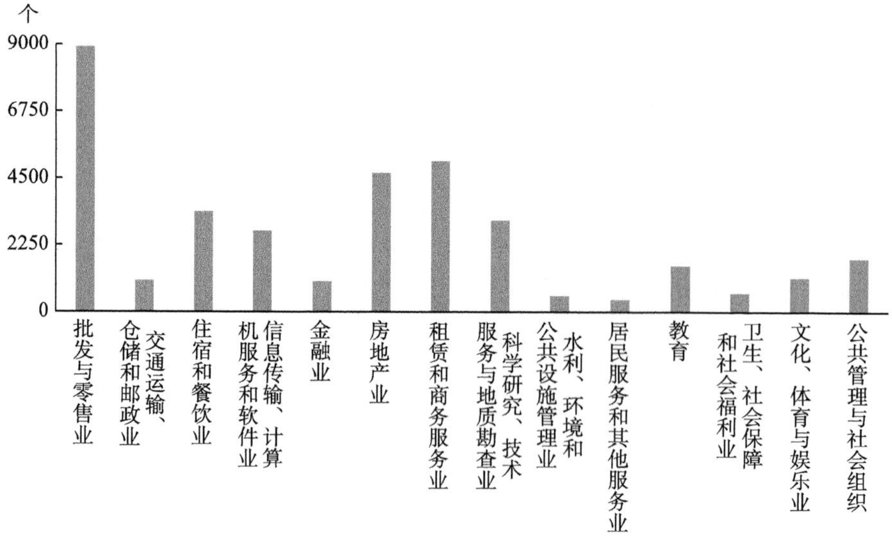

图 4-11　2010 年北京规模以上第三产业各行业单位数

资料来源：《北京统计年鉴 2011》。

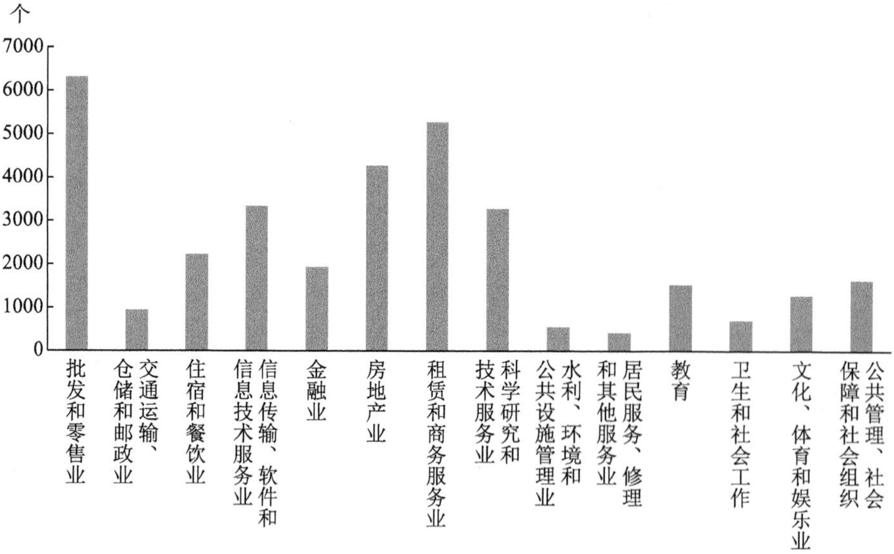

图 4-12　2017 年北京规模以上第三产业各行业单位数

资料来源：《北京统计年鉴 2018》。

2. 规模以上从业人数

从各行业吸纳的就业人数来看，如图 4-13 所示，2017 年北京规模以上第三产业中从业人数占比最大的五大行业依次为租赁和商务服务业，信息传输、软件和信息技术服务业，批发和零售业，科学研究和技术服务业，交通运输、仓储和邮政业。信息传输、软件和信息技术服务业以及科学研究和技术服务业分别排名第二、第四，可见这两大高技术服务业吸纳人员就业的能力较强。

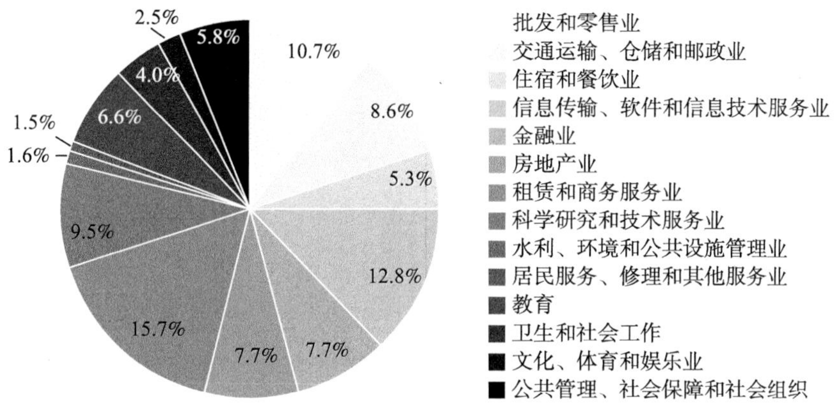

图 4-13　2017 年北京规模以上第三产业各行业从业人数占比

资料来源：《北京统计年鉴 2018》。

3. 规模以上行业收入

2017 年，北京规模以上第三产业各行业收入占比情况如图 4-14 所示。行业收入额最高的五大行业依次为批发和零售业，金融业，租赁和商务服务业，信息传输、软件和信息技术服务业，科学研究和技术服务业。其中，信息传输、软件和信息技术服务业排名第四，科学研究和技术服务业排名第五。可以看到，批发和零售业与金融业的占比高达北京第三产业总收入的 60%，而两大高技术服务业累计只占到第三产业总收入的 13%，说明北京高技术服务业有待进一步发展。

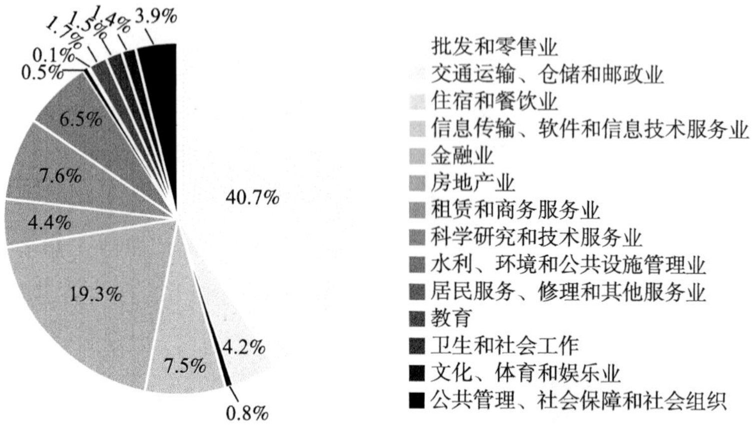

图 4-14　2017 年北京规模以上第三产业各行业收入占比

资料来源：《北京统计年鉴 2018》。

4. 规模以上应缴税金

如图 4-15 所示，从各行业的税收贡献来看，2017 年北京规模以上第三产业中应缴税金前六大行业依次为金融业，批发和零售业，房地产业，信息传输、软件和信息技术服务业，租赁和商务服务业以及科学研究和技术服务业。其中，信息传输、软件和信息技术服务业排名第四，科学研究和技术服务业排名第五。

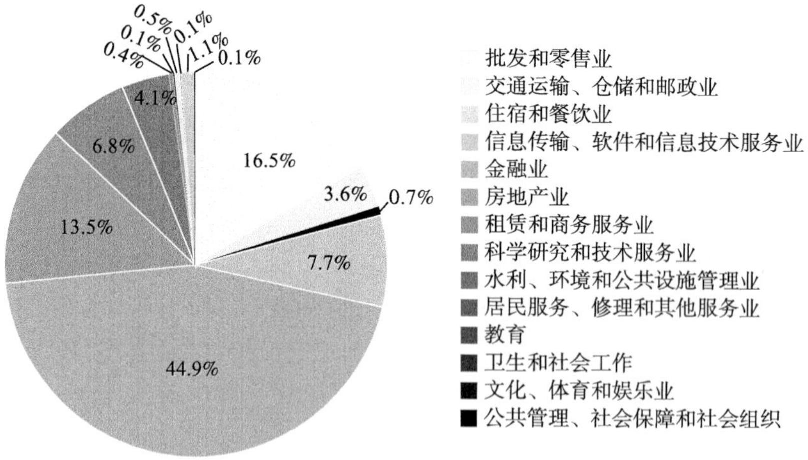

图 4-15　2017 年北京规模以上第三产业各行业应缴税金占比

资料来源：《北京统计年鉴 2018》。

总的来看，近年来北京高技术服务业取得了一定的发展，高技术服务业的企业数量持续增长，具有较强的就业吸纳能力。与此同时，北京高技术服务业的发展也存在一些问题。譬如，高技术服务业的规模有待进一步提升，即使排除规模因素，当前北京高技术服务业在行业收入和应缴税金方面的表现也并不突出。

三、北京高精尖产业发展环境现状

（一）科技创新环境

北京市作为全国经济最发达的地区之一，拥有全国最丰富的科技创新资源，总的来说具有发展高精尖产业相当优越的环境因素。2018 年北京市的地区生产总值为 30320 亿元，居全国第 12 位，总人口 2171 万人，人均地区生产总值为 14 万元，居全国首位，其中第三产业的 GDP 占比高达 81%，服务化程度居全国首位。

《中国区域科技创新评价报告 2018》显示，2016 年北京综合科技创新水平指数为 84.83%，居全国第 2 位，与当年居第 1 位的上海仅差 0.8 个百分点。在该报告的 5 个一级指标中，科技活动产出指数排在第 1 位；科技创新环境指数和科技促进经济社会发展指数分别排在第 2 位和第 3 位；高新技术产业化指数排在第 4 位；科技活动投入指数排在第 6 位。下面将摘取该报告部分二级和三级指标来具体描述北京市高精尖产业发展的科技创新环境现状（如表 4-1～表 4-7 所示）。

1. 科技人力资源

表 4-1　2016 年北京市科技人力资源情况

指标名称	评价值	全国各地区排名
万人研发人员数	129.13	1
十万人博士毕业人数	86.49	1
万人大专以上学历人数	4546.20	1
万人高等学校在校学生数	502.81	1
十万人创新中介从业人员数	10.62	1

资料来源：《中国区域科技创新评价报告 2018》。

从北京市科技人力资源的角度来看，无论是研发人员、高学历人员还是创新中介从业人员，北京市的各项指标均居全国首位。其中，万人大专以上学历人数远高于评价标准，万人高等学校在校学生数也非常可观。

2. 科研物质条件

表 4-2 2016 年北京市科研物质条件情况

指标名称	评价值	全国各地区排名
每名研发人员研发仪器和设备支出	4.50	9
科技服务业新增固定资产占比	4.52	1
十万人累计孵化企业数	39.04	1

资料来源：《中国区域科技创新评价报告 2018》。

从北京市科研物质条件的角度来看，科技服务业新增固定资产占比和十万人累计孵化企业数这两个指标居全国首位，而每名研发人员研发仪器和设备支出这一指标仅居全国第 9 位，说明相对于北京市极其丰富的人力资源，研发仪器和设备的支出有些不足。

3. 科技意识

表 4-3 2016 年北京市科技意识情况

指标名称	评价值	全国各地区排名
万人就业人员专利申请数	143.53	2
科技服务业平均工资比较系数	165.21	4
万人吸纳技术成交额	7549.19	1
有研发活动的企业占比	34.58	4

资料来源：《中国区域科技创新评价报告 2018》。

从北京市科技意识的角度来看，北京市万人吸纳技术成交额极大，居全国首位，万人就业人员专利申请数也很高，居全国第 2 位，科技服务业平均工资比较系数较高，但仅居全国第 4 位，从业人员的工资仍有提高的空间。值得注意的是，有研发活动的企业占比得分较低，仅有三成企业有研发活动，在全国排名第 4 位，也说明我国包括北京市在内的各地区有研发活动的企业所占比重均不大。

4. 科技活动投入

表 4-4 2016 年北京市科技活动投入情况

指标名称	评价值	全国各地区排名
万人研发研究人员数	76.75	1
企业研发研究人员占比	14.69	30
研发经费支出占 GDP 比重	5.96	1
地方财政科技支出占地方财政支出比重	4.46	4
企业研发经费支出占主营业务收入比重	1.29	5
企业技术获取和技术改造经费支出占主营业务收入比重	0.52	7

资料来源：《中国区域科技创新评价报告 2018》。

从北京市科技活动投入来看，2016 年北京市研发经费支出达 1485 亿元，研发经费投入强度（研发经费支出占 GDP 比重）高达 5.96%，居全国首位，即便与发达国家相比也处于领先水平；地方财政科技支出 286 亿元，占地方财政支出的比重为 4.46%，居全国第 4 位；规模以上工业企业 R&D 经费支出 255 亿元，占主营业务收入的比重为 1.29%，居全国第 5 位。然而，企业技术获取和技术改造经费支出占主营业务收入比重相对不高，仅居全国第 7 位，更值得关注的是，企业研发研究人员占比较低，在全国仅排第 30 位。

5. 科技活动产出

表 4-5 2016 年北京市科技活动产出情况

指标名称	评价值	全国各地区排名
万人科技论文数	35.67	1
获国家级科技成果奖数	25.27	1
万人发明专利拥有量	84.98	1
万人输出技术成交额	16969.24	1
万人生产总值技术国际收入	32.40	2

资料来源：《中国区域科技创新评价报告 2018》。

从北京市科技活动产出来看，各项科技活动产出的指标均名列前茅，表现较为突出的为万人发明专利拥有量 84.98 件，居全国第 1 位，万人科技论文数 35.67 篇，居全国第 1 位。

6. 高新技术产业化

表 4-6　2016 年北京市高新技术产业化情况

指标名称	评价值	全国各地区排名
高技术产业增加值占工业增加值比重	27.94	2
知识密集型服务业增加值占生产总值比重	44.52	1
高技术产品出口额占商品出口额比重	44.46	7
新产品销售收入占主营业务收入比重	20.73	6
高技术产业劳动生产率	35.10	8
高技术产业利润率	7.45	14
知识密集型服务业劳动生产率	35.79	30

资料来源：《中国区域科技创新评价报告 2018》。

从北京市高新技术产业化情况来看，总的来说，知识密集型服务业存在的问题大于高技术产业。首先看高技术产业，2016 年北京市高技术产业增加值 1093 亿元，占工业增加值比重为 27.94%，居全国第 2 位，反映出北京市科技创新对产业结构的优化程度较好；高技术产品出口额 113.19 亿美元，占商品出口额比重为 44.46%，居全国第 7 位，国际竞争力有待进一步提升；高技术产业劳动生产率居全国第 8 位，高技术产业利润率的表现相对更不理想，仅居全国第 14 位。再来看知识密集型服务业，其中知识密集型服务业增加值占生产总值比重这一指标居全国首位，但是知识密集型服务业劳动生产率只排全国第 30 位，落后于大多数省份。

7. 科技促进经济社会发展

表 4-7　2016 年北京市科技促进经济社会发展情况

指标名称	评价值	全国各地区排名
劳动生产率	16.46	4
资本生产率	0.37	6

续表

指标名称	评价值	全国各地区排名
综合能耗产出率	28.38	1
装备制造业区位熵	161.58	3
环境质量指数	32.73	29
环境污染治理指数	93.82	6
万人国际互联网上网人数	8614.10	1
信息传输、软件和信息技术服务业增加值占生产总值比重	10.93	1
电子商务消费占最终消费支出比重	78.06	2

资料来源:《中国区域科技创新评价报告 2018》。

从北京市科技促进经济社会发展情况来看，北京市在劳动生产率、综合能耗产出率、装备制造业区位熵以及信息化等指标上表现较好，位于全国领先水平，例如万人国际互联网上网人数 8614.10 人，居全国第 1 位；信息传输、软件和信息技术服务业增加值 2806 亿元，占生产总值比重为 10.93%，居全国第 1 位。然而，北京市的环境质量指数仅居全国第 29 位，环境污染治理指数居全国第 6 位。

8. 企业创新

图 4-16 和图 4-17 展示了北京市企业在科技创新方面与全国平均水平以及东部地区平均水平的对比情况，根据《中国企业创新能力评价报告 2016》，北京有 14 项指标高于全国平均水平、12 项指标高于东部地区平均水平。

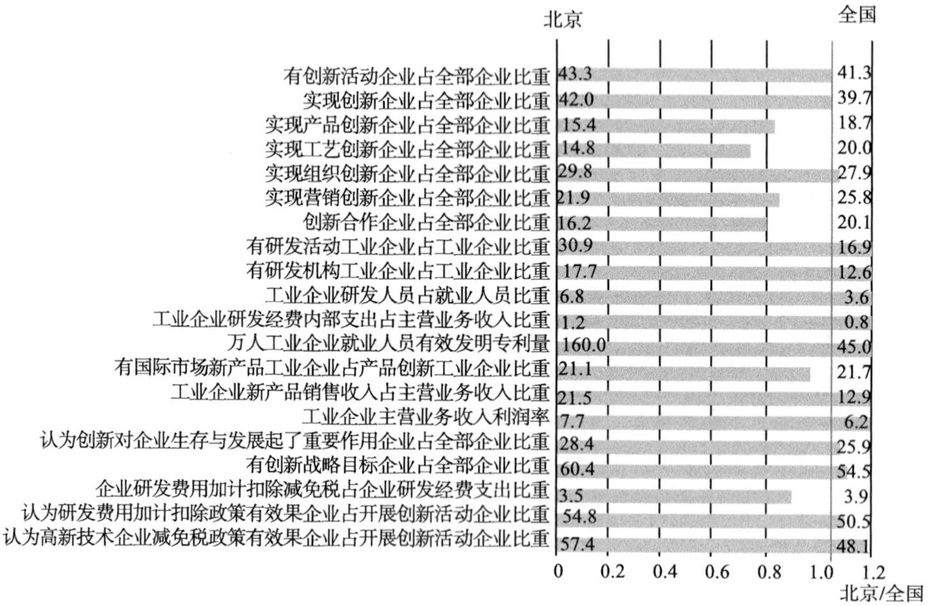

图 4-16 北京市企业创新能力（与全国平均水平对比）

资料来源：《中国企业创新能力评价报告 2016》。

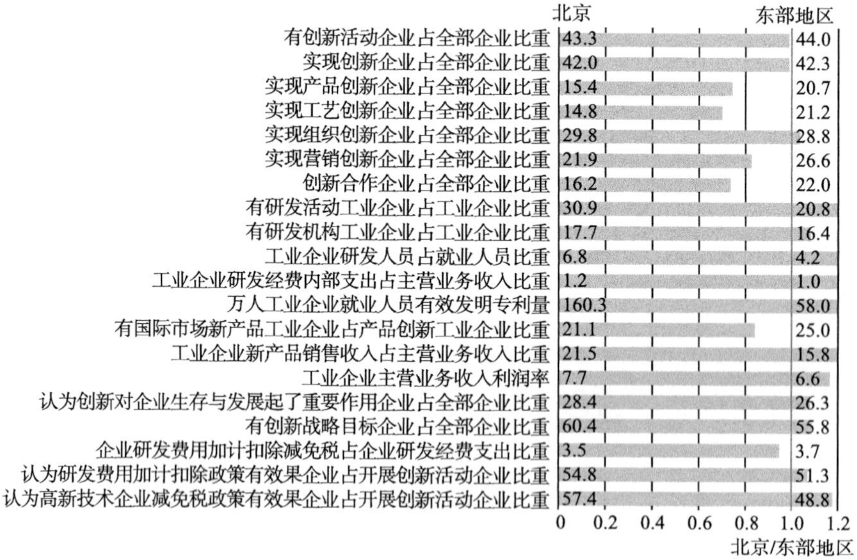

图 4-17 北京市企业创新能力（与东部地区平均水平对比）

资料来源：《中国企业创新能力评价报告 2016》。

其中，北京投入类创新指标明显高于全国平均水平，例如有研发活动工业企业占工业企业比重、有研发机构工业企业占工业企业比重分别比全国平均水平高 82.8%、40.5%；在创新产出方面，北京万人工业企业就业人员有效发明专利量比全国平均水平高出 2.6 倍；在创新绩效方面，北京新产品销售收入强度为全国平均水平的 166.7%。

与此同时，尽管北京有创新活动和实现创新的企业占比高于全国平均水平，但在实现创新方面以组织创新为主，产品创新、工艺创新和营销创新均低于全国平均水平，有待加强这三类创新。北京企业在创新合作方面也低于全国平均水平，须进一步加强创新合作。此外，还须使新产品进一步走向国际市场以及进一步削减税负。

（二）人才资源环境

人才资源环境是北京发展高精尖产业最重要的外部环境之一。人才的数量和质量决定着国家或地区科技水平的高低和经济发展的潜力。北京作为首都，具有得天独厚的人才资源优势。截至 2017 年年底，北京地区人才资源总量达到 714 万人，人才贡献率达到 53%，高出全国平均水平近 20 个百分点。以下参考《北京人才发展报告（2018）》，对北京人才资源环境展开分析。

1. 人力资源总量

如图 4-18 所示，到 2017 年年底，北京地区从业人员数量达到 1246.8 万人，比 2008 年增长了 27.1%；人才资源总量达到 714 万人，比 2008 年增长了 111.8%；如图 4-19 所示，人才密度①为 57.3%，比 2008 年提高了 66.57%。

① 人才密度是指在一定区域或系统内人才数量在从业人员中所占的比重。

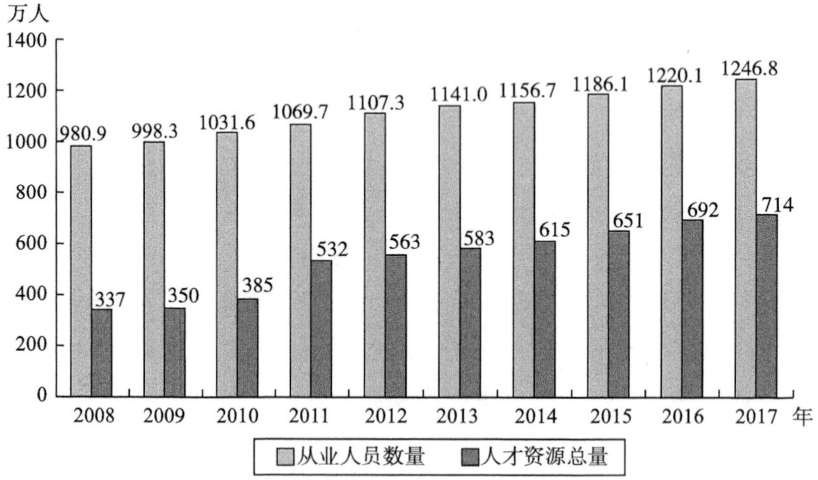

图 4-18　北京地区人才资源变化情况

资料来源：《北京人才发展报告（2018）》。

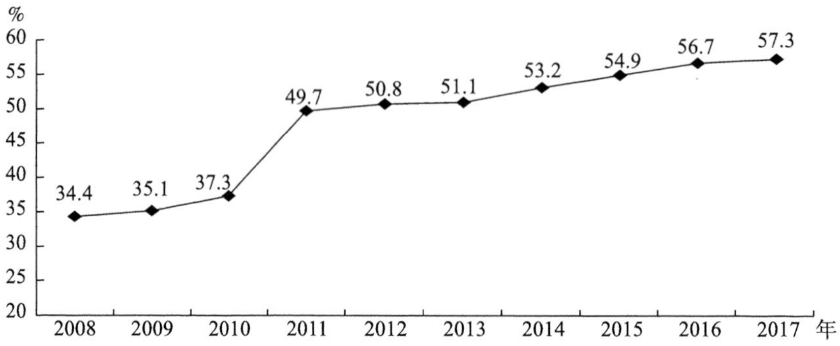

图 4-19　北京地区人才密度变化情况

资料来源：《北京人才发展报告（2018）》。

2. 人才队伍情况

如表 4-8 所示，2017 年，从人才队伍数量来看，北京地区的专业技术人才和企业经营管理人才最多，占全市人才总量比例超过 80%；从人才队伍增长速度来看，农村实用人才队伍增长速度最快，年均增长率达到 11.4%，其次是社会工作人才、企业经营管理人才、专业技术人才和高技能人才，增速最低的是党政人才队伍。

具体而言，各支人才队伍发展情况呈现出不同特征。随着政府职能转变，加之中央、国家机关非紧密型行政辅助功能有序疏解，党政人才队伍总规模趋于平稳，99.6%的党政人才接受过高等教育；随着京津冀协同发展不断深入和非首都功能的有序疏解，部分产业转出北京，导致相应企业经营管理人才增速进一步趋缓甚至为负，属于高精尖产业的经营管理人才增速将相对加快；随着一般性制造业、部分批发和零售业等第三产业有序疏解，北京加快建设具有全球影响力的科技创新中心，专业技术人才队伍将在总量快速增长的同时，呈现出高端化发展趋势；随着非首都功能的疏解和高精尖经济结构的打造，高技能人才总量快速增长、结构加速优化；随着北京城乡一体化发展和都市型现代农业建设的推进，农业发展重心向总部功能、休闲功能和生态功能转移，农村实用人才队伍将面临结构性调整；考虑到首都人口压力较大，社会管理和服务任务繁重，对社会工作人才的需求还将不断增长，社会工作人才的队伍规模将加快增长，结构将逐步优化，素质将不断提高。

表 4-8　北京各类人才队伍数量　　单位：万人

年份	2008	2011	2012	2013	2014	2015	2016	2017
党政人才	20.8	20.9	21.3	21.4	21.5	21.4	21.7	21.4
企业经营管理人才	122.5	243.0	247.0	249.4	257.3	269.4	283.6	279.3
专业技术人才	160.5	257.0	274.0	283.4	302.8	324.6	354.4	358.0
高技能人才	44.5	65.9	73.4	80.0	87.7	91.8	95.5	98.4
农村实用人才	2.0	3.8	4.3	4.6	4.7	4.88	5.1	5.3
社会工作人才	2.4	2.35	3.4	4.47	5.7	6.04	6.15	6.3

资料来源：《北京人才发展报告（2018）》。

3. 人才质量

截至 2017 年年底，北京地区接受过高等教育的从业人员的比例达到了 47.8%，比 2008 年提高了 15 个百分点。如图 4-20 所示，从主要劳动年龄人口（20~59 岁）受高等教育的情况看，2017 年受过高等教育的比例达到了 47.0%，比 2008 年提高了 20 个百分点，已经提前实现 2020 年目标。

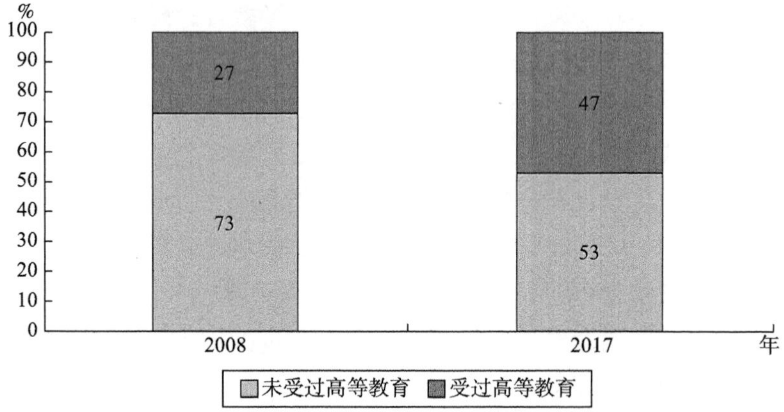

图 4-20　主要劳动年龄人口受高等教育比例

资料来源：《北京人才发展报告（2018）》。

2017 年，全市各类高等院校毕业生为 53.77 万人，是首都人才资源的主要来源。其中，研究生占 16%，普通高校本专科生占 28%，成人本专科生占 13%，网络本专科生占 43%（图 4-21）。

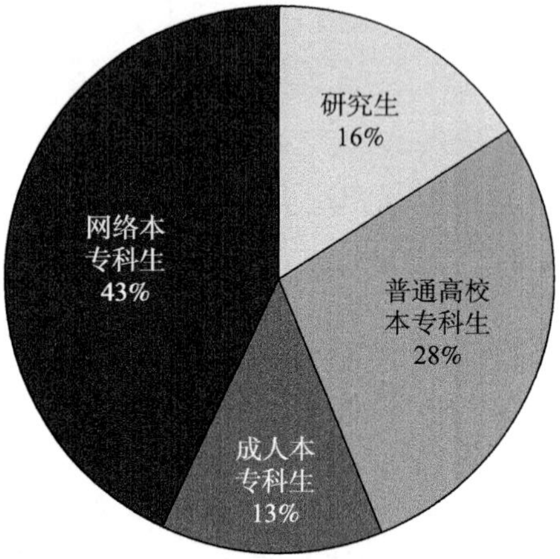

图 4-21　2017 年北京市各类高等院校毕业生构成情况

资料来源：《北京人才发展报告（2018）》。

北京市高层次人才序列主要包括“两院”院士，入选国家级重点人才工程、入选北京市市级重点人才工程等各类项目的国内外高层次人才，还包括国家、北京市其他类别人才计划培养支持的各类人才。

截至 2017 年年底，北京地区拥有 786 名“两院”院士；从入选人才工程的专家来看，入选国家级海外高层次人才工程的专家有 1849 名，入选国家级国内高层次人才工程的专家有 1063 名，北京地区拥有的这三类人才分别约占全国的 1/2、1/4、1/3（如图 4-22 所示）。入选市级海外高层次人才工程的专家有 1059 名，其中 250 人入选了国家级海外高层次人才工程；入选市级国内高层次人才工程的有 582 名。先后三批共 42 名高层次人才获得“北京学者”称号。在全国领跑世界的重大科技创新成果中，有一半来自北京，为国家科技创新战略的实施提供了有力的支撑。

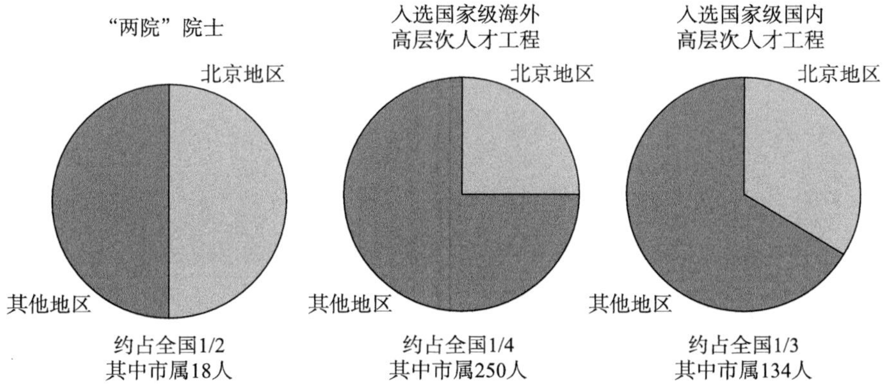

图 4-22　北京地区高层次人才资源占全国比重

资料来源：《北京人才发展报告（2018）》。

4. 人才结构

2017 年，北京地区从业人员达 1246.8 万人，其中第三产业从业人员有 1005.2 万人，占全部从业人员的比例为 80.6%，与 2008 年相比，提高了 8.2 个百分点（如图 4-23 所示）。目前，北京地区第三产业从业人员结构与经济结构匹配度较高，人才聚集效应明显。

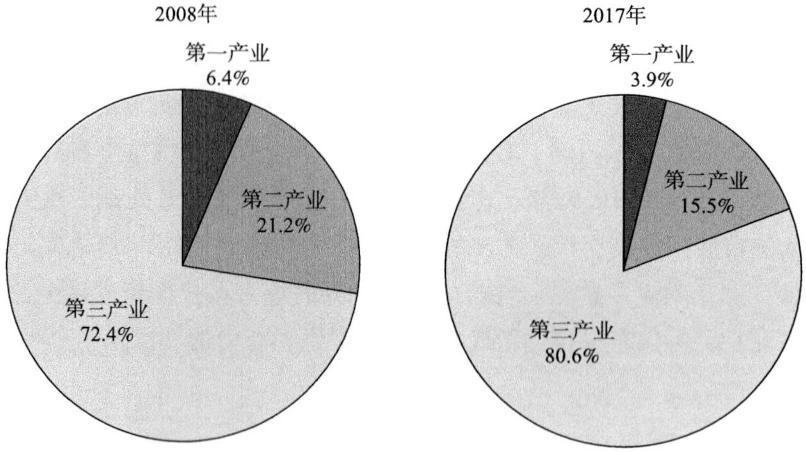

图 4-23　北京地区从业人员产业结构情况

资料来源：《北京人才发展报告（2018）》。

（三）对外开放环境

1. 进出口贸易

（1）总体概况

如图 4-24 所示，2018 年，北京地区实现进口 2.23 万亿元，同比增长 24.1%；出口 4878.5 亿元，同比增长 23%，货物贸易出口创历史新高；进出口 2.72 万亿元人民币，同比增长 23.9%，高出全国 14.2 个百分点，增速位居出口地区第一。2019 年 1—6 月，北京地区完成进口 11419.3 亿元，同比增长 7.8%；出口 2405.6 亿元，同比增长 2.2%；进出口 13824.9 亿元，同比增长 6.8%。整体规模上，外贸指标均保持正向增长，朝阳、海淀、西城、东城等重点城区出口增势良好。

贸易结构方面，从 2019 年上半年的最新数据来看，北京地区一般贸易出口 1861.2 亿元，增长 4.9%，占全市出口的 77.4%，较上年末提高 2.3%；北京地区与“一带一路”沿线国家双边贸易额 5589.2 亿元，同比增长 6.7%，占进出口总额的 40.4%；民营企业表现出较强活力，其进出口、出口和进口分别同比增长 9.1%、3.5%和 11.8%，增速均高于全市平均水平；高精尖产业对出口贡献增强，其中手机、集成电路、液晶显示板等商品累计出口增加额为 88.5 亿元，对全市出口增长贡献度达 171.5%；消费升级对进口刺激效果增强，其中乘用车、医疗保健品、水海产品、化妆品进口累计增加 179 亿元，占全市进口增加额的 21.6%。

2018 年以来，北京海关优化检验监管流程，压缩审批时限，海关查验放行效率大幅提高。据统计，2018 年 12 月，北京关区进口货物整体通关时间较 2017 年压缩 47.3%，出口货物整体通关时间较 2017 年压缩 48.6%，进出口压缩比双超 40%。

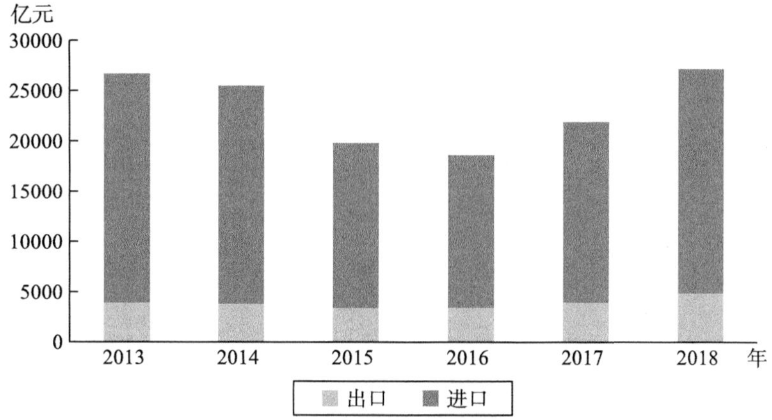

图 4-24　2013—2018 年北京地区出口额和进口额

（2）服务贸易

近年来，北京地区的服务贸易额总体上呈现出不断增长的态势。如图 4-25 所示，2018 年北京地区服务贸易进出口总额达 1606.18 亿美元，占全国的 20.3%。其中，服务出口额为 562.75 亿美元，服务进口额为 1043.43 亿美元，贸易逆差为 480.68 亿美元。

从服务出口角度来看，当前北京地区服务出口最多的三大行业分别为：第一，其他商业服务；第二，电信、计算机和信息服务；第三，建筑。从服务进口角度来看，进口最多的前三大行业依次是旅行、运输和保险。

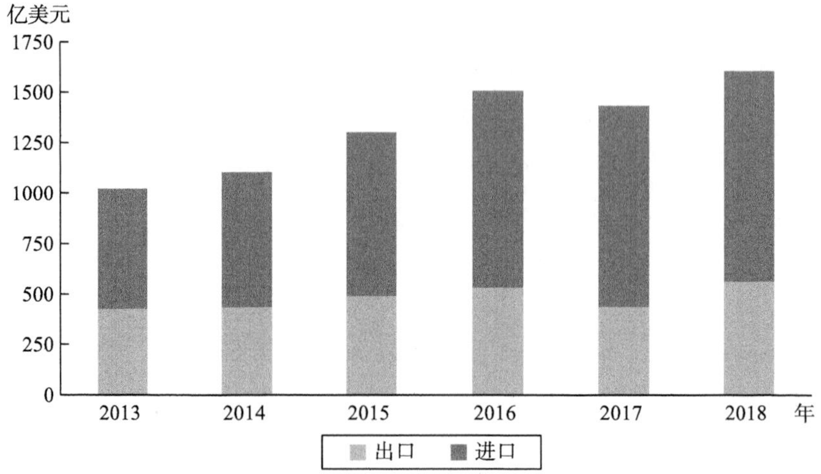

图 4-25　2013—2018 年北京地区服务出口额和进口额

2018 年 12 月，北京出台《北京市服务贸易创新发展试点工作实施方案》（京政办发〔2018〕51 号），希望通过试点推出一批具有首都特点的开放便利举措，基本形成与国际通行规则相衔接的服务贸易体制机制，服务贸易营商环境更加稳定公平透明、可预期，力争取得可复制、可推广的服务贸易创新经验；培育一批具有较强国际影响力和竞争力的服务贸易品牌企业，建设一批特色服务贸易基地，发展一批服务贸易领域新技术、新产业、新业态、新模式。到 2020 年，服务贸易规模进一步扩大，全国领先地位进一步巩固，其中，新兴服务贸易出口年增速将达 10%左右，占比力争达到 65%。同时，明确提出北京将立足首都城市战略定位，发挥北京资源优势，着力推动金融、科技、信息、文化创意、商务服务等五大现代服务业领域的服务贸易发展，积极推动中医药、教育、旅游等北京特色优势服务贸易发展，逐步提升北京服务贸易核心竞争力。

（3）跨境电商贸易

2018 年 7 月，北京获批成为国家跨境电商综合试验区，迎来了跨境电商发展新机遇。为进一步完善跨境电商服务支撑体系，促进跨境电商持续健康快速发展，2019 年年初，北京市商务局出台了《2019 年推进中国（北京）跨境电子商务综合试验区服务体系建设工作方案》（京商电商字〔2019〕2 号）、《2019 年支持跨境电子商务发展项目申报指南》等专项政策，对跨境电商平台、海外仓、保税仓、体验店、通关服务设施等项目建设给予全方位支持。

2018 年，北京跨境电商零售进口额 18. 95 亿元，同比增长 43. 9%。北京市已设立 6 个跨境电商监管场所，建成 50 余家跨境电商体验店和 70 余个海外仓。2019 年，北京还将新增 10 家跨境电商体验店和 10 个跨境电商海外仓，培育新一批跨境电商产业园区，进一步优化跨境电商发展环境。

跨境电商作为新兴业态，近年来取得了快速发展，成为深入推进“一带一路”国际交流合作的重要渠道。北京重点跨境电商企业与共建“一带一路”国家贸易往来日益密切，合作成效渐显。例如，京东网购平台在印度尼西亚、泰国等国家相继上线，在为当地消费者提供便捷购物体验的同时，也帮助更多当地品牌走向中国和世界；敦煌网与土耳其合作共建“数字丝绸之路”跨境电商综合服务平台，交易额累计超过 10 亿美元。

2. 实际利用外资与对外直接投资

（1）实际利用外资

北京实际利用外资额不断增长。2018 年，北京实际利用外资 167. 4 亿美元，剔除不可比因素，同比增长近 40%，占内地总量的 12. 4%。2019 年上半年，北京地区新设外资企业 788 家，同比增长 6. 1%；吸收合同外资 140. 7 亿美元，同比增长 1. 9%；实际利用外资 92 亿美元，同比增长 3. 2%，占全国实际利用外资总额的 13%，位居全国第三。

从行业角度来看，2019 年上半年北京地区服务业新设外商投资企业 755 家，占全市新设企业的 95. 8%，实际利用外资 85. 9 亿美元，占全市的 93. 4%。其中，高技术服务业新设企业 447 家，同比增长 18. 9%，实际利用外资 52. 8 亿美元，同比增长 87. 1%。高技术服务业中，科学研究与技术服务业新设企业 333 家，同比增长 8. 8%，实际利用外资 24. 2 亿美元，同比增长 35. 8%；信息传输、软件和信息技术服务业新设企业 108 家，同比增长 83. 1%，实际利用外资 29. 2 亿美元，同比增长 1. 7 倍。

从北京城区来看，2019 年上半年朝阳区新设企业 313 家，占全市的 39. 7%，实际利用外资 34. 6 亿美元，占全市的 37. 6%；海淀区新设企业 193 家，占全市的 24. 5%，实际利用外资 35. 9 亿美元，占全市的 39. 1%。

从资金来源地来看，中国香港是北京地区外商投资主要来源地，荷兰、德国、新加坡和韩国外商投资额增长较快。2019 年 1—6 月，中国香港实际投资 66. 6 亿美元，是第一大外商投资来源地；荷兰、德国、新加坡和韩国实际投资同比分别增长 9. 9 倍、2. 6 倍、78. 1%和 25. 4%，投资额分别为 1. 6 亿美元、1. 9 亿美元、1. 6 亿美元和 4. 8 亿美元。

（2）对外直接投资

2013 年以来，北京市对外投资规模达到 578 亿美元，年均增长 8%，科技、信息、商务、文化等领域投资占比超过 50%。其中，北京企业对“一带一路”沿线 30 多个国家直接投资累计达 21 亿美元，年均增速保持两位数以上。2018 年，北京对外直接投资额 70 亿美元，同比增长 15%。其中，在“一带一路”沿线国家和地区投资势头强劲，同比增长 45%。2019 年 1—7 月，北京企业新增对外直接投资 55 亿美元，同比增长 56%，特别是对“一带一路”沿线国家投资增长较快。

在两届“一带一路”国际合作高峰论坛期间，北京市共有 10 个重大项目成功签约，涉及农业种植、汽车制造、旅游合作、中医药推广、海外园区、科技孵化等多个领域。当前，北控集团柬埔寨金边特区项目正式挂牌并已经完成一期项目控制性详细规划，着力打造东盟最大的工、贸、港相结合的内陆特色产业中心；北汽福田与泰国正大集团签署合作投资约 5. 66 亿元人民币，在泰国设立合资销售公司和制造公司，规划在东盟市场投放重卡、中卡、轻卡、客车、新能源汽车等产品，辐射亚太及部分非洲市场。

第五章　北京产业转型升级的国内外经验借鉴

第一节　城市产业转型升级的国内经验借鉴

一、北京市与国内其他地区的指标对比分析

（一）企业数量

从高技术产业中的企业数量来看，如图 5-1 所示，我国拥有高技术企业最多的省份为广东省，2016 年达到 6570 个，位居全国第一；其次是江苏省，2016 年的高技术企业数为 5007 个；之后是浙江省（2595 个）、山东省（2207 个）等。就直辖市而言，2016 年北京 795 个，天津 533 个，上海 991 个，重庆 678 个。可以看出，北京的高技术企业数量在全国各地区中排在不少省份之后，在直辖市中居第二位，多于天津和重庆，少于上海。

为了进一步对比高技术产业内部结构，这里以东部地区为例分析各省（市）高技术产业中的企业分布以及所有制情况，如图 5-2 和图 5-3 所示。

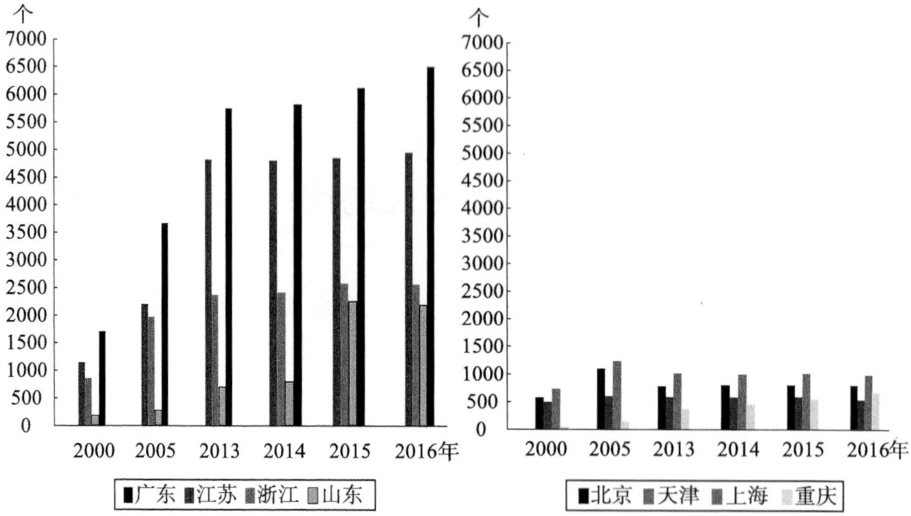

图 5-1　各地区高技术产业企业数

资料来源：历年《中国高技术产业统计年鉴》。

由图 5-2 可知，北京高技术产业中医疗仪器设备及仪器仪表制造业以及航空、航天器及设备制造业的企业占比高于东部地区其他省（市），也高于全国平均水平；北京的计算机及办公设备制造业企业数目占比低于广东和福建，也低于全国平均水平；北京的电子及通信设备制造业比重低于广东、福建、江苏、浙江等地，同样也低于全国平均水平；北京的医药制造业高于全国水平，但低于河北和山东。由此可知，各地的高技术产业构成各具特色，各有侧重。

由图 5-3 可知，在所有东部地区的省（市）中，北京高技术产业中的国有企业占比最大，外资和中国港澳台资企业比重低于上海、广东、天津等地。北京高技术产业中的国有成分尽管在近年逐渐减少，但是和东部地区其他省（市）相比，仍然具有鲜明的政府主导特征。

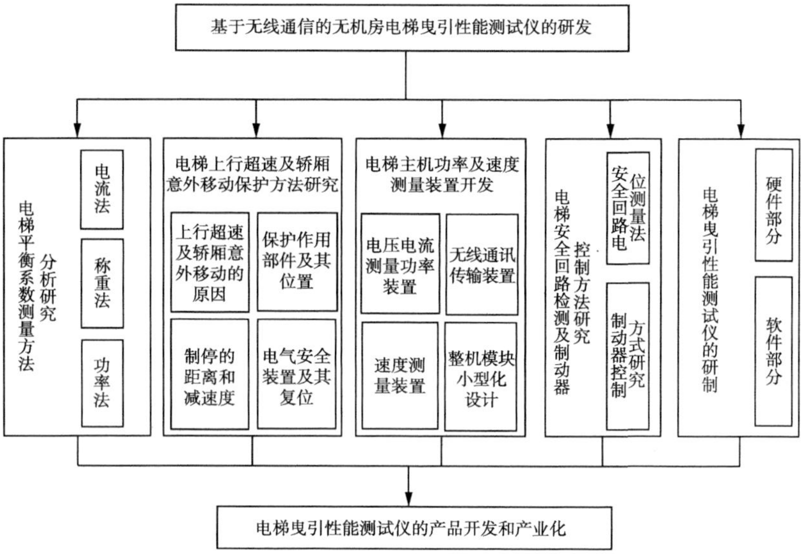

图 5-2　2016 年全国及东部地区各省（市）高技术产业中各行业企业数占比

资料来源：2017 年《中国高技术产业统计年鉴》。

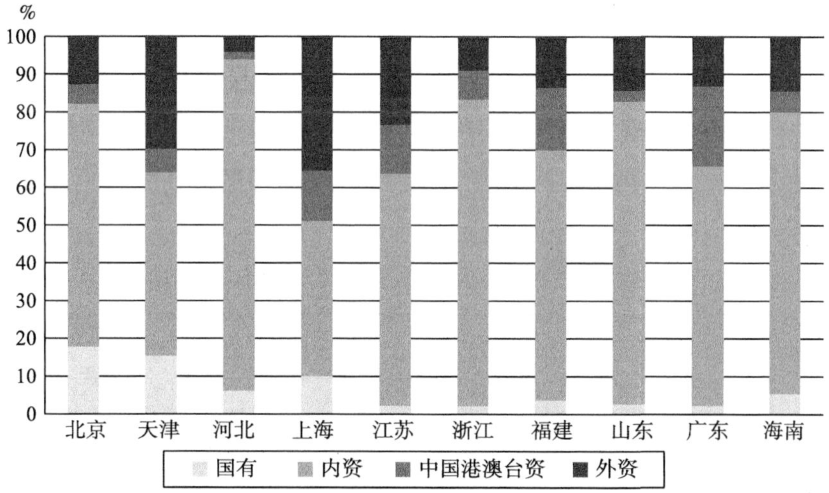

图 5-3　2016 年东部地区各省（市）高技术产业的所有制结构

资料来源：2017 年《中国高技术产业统计年鉴》。

（二）主营业务收入

从主营业务收入来看，如图 5-4 所示，2000 年各地区高技术产业主营业务收入最多的是广东省，北京排第四位；2016 年主营业务收入最多的依然是广东省，而北京从第四位降至第十位。

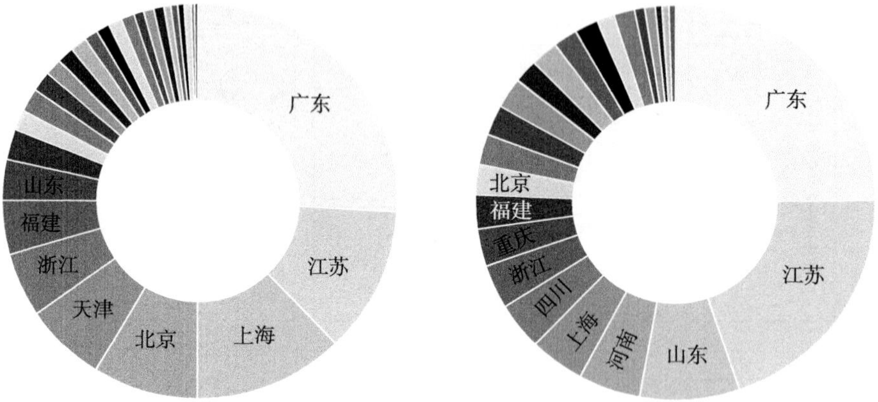

图 5-4　2000 年和 2016 年各地区高技术产业主营业务收入占比

资料来源：2001 年和 2017 年《中国高技术产业统计年鉴》。

图 5-5 展示了全国及东部地区各省（市）高技术产业主营业务收入的构成情况。可以看出，东部地区各省（市）主营业务收入的行业构成存在很大差异。北京高技术产业的主营业务收入主要由电子及通信设备制造业、医药制造业、计算机及办公设备制造业构成，而河北主要由医药制造业和电子及通信设备制造业构成，天津主要由电子及通信设备制造业和航空、航天器及设备制造业构成。

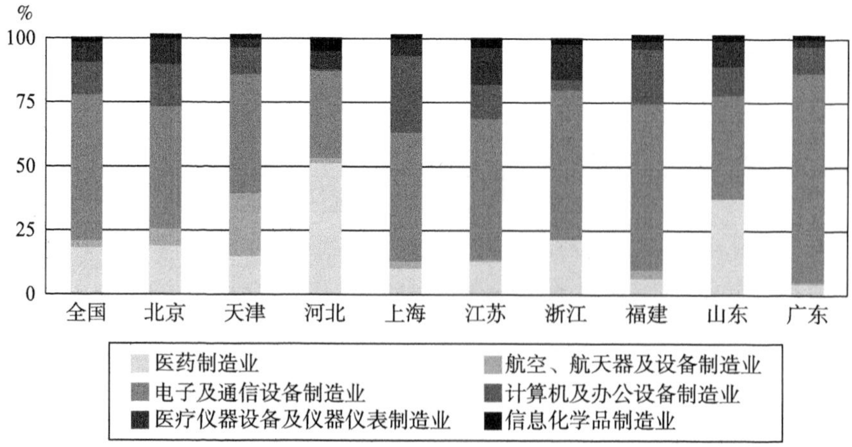

图 5-5　2016 年全国及东部地区各省（市）高技术产业主营业务收入构成

资料来源：2017 年《中国高技术产业统计年鉴》。

（三）利润总额

从利润总额来看，如图 5-6 所示，2000 年各地区高技术产业利润额最多的是广东省，北京排第三位；2016 年利润额最多的依然是广东省，而北京从第三位降至第九位。

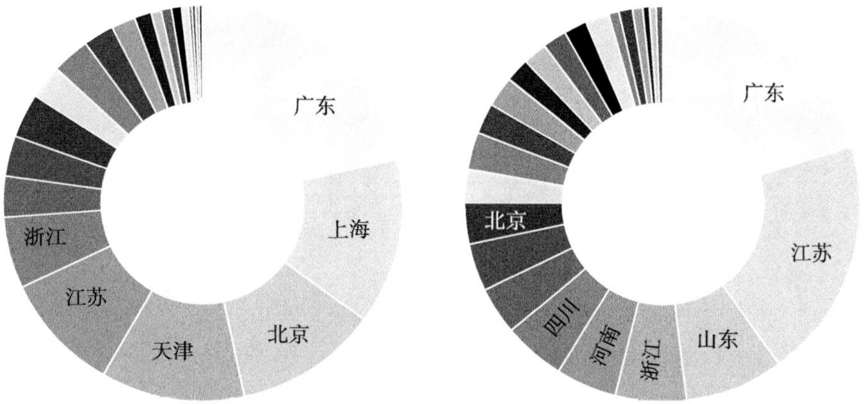

图 5-6　2000 年和 2016 年各地区高技术产业利润额占比

资料来源：2001 年和 2017 年《中国高技术产业统计年鉴》。

图 5-7 展示了全国及东部地区各省（市）高技术产业利润额的构成情况。如图所示，东部地区的各省（市）利润额的行业构成同样存在很大差异。例如北京高技术产业利润额的首要来源是医药制造业，而广东的首要来源是电子及通信设备制造业。从东部地区各省（市）的平均利润率来看，如图 5-8 所示，北京高技术产业的平均利润率在 2016 年为 7.5%，低于海南（14.6%）、浙江（10.5%）、河北（8.9%）、天津（7.9%）、山东（7.8%）。

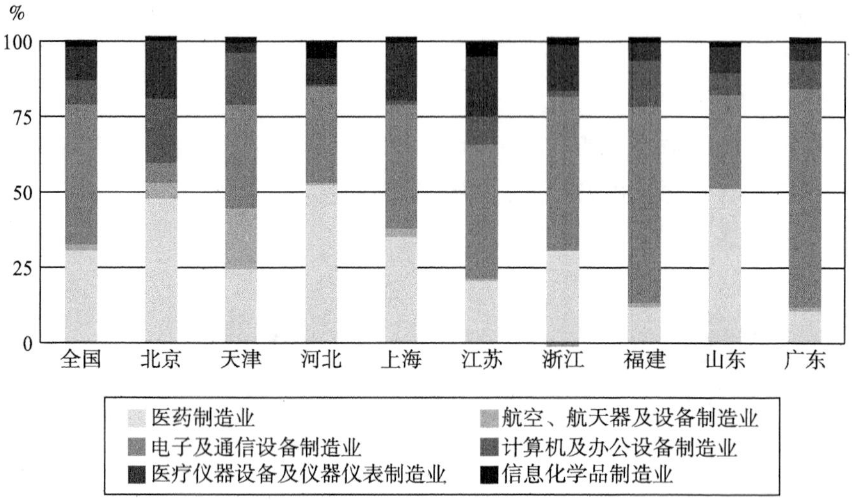

图 5-7　2016 年全国及东部地区各省（市）高技术产业利润额构成

资料来源：2017 年《中国高技术产业统计年鉴》。

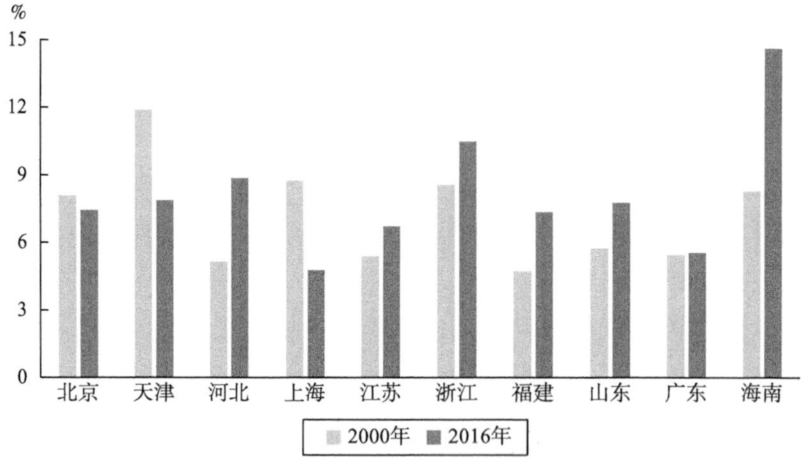

图 5-8　2000 年和 2016 年东部地区各省（市）高技术产业的平均利润率

资料来源：2001 年和 2017 年《中国高技术产业统计年鉴》。

（四）研发创新

就高技术产业的研发创新而言，图 5-9 展示了全国和东部地区有研发机构的企业数目占全体企业的比重，可以看到 2016 年北京的高技术产业中有 29%的企业具有研发机构，这一比例低于全国的平均水平 35%。东部地区的其他省（市）中，江苏有64%的高技术企业具有研发机构，是北京的两倍多，浙江也有46%的高技术企业拥有研发机构，远高于北京。

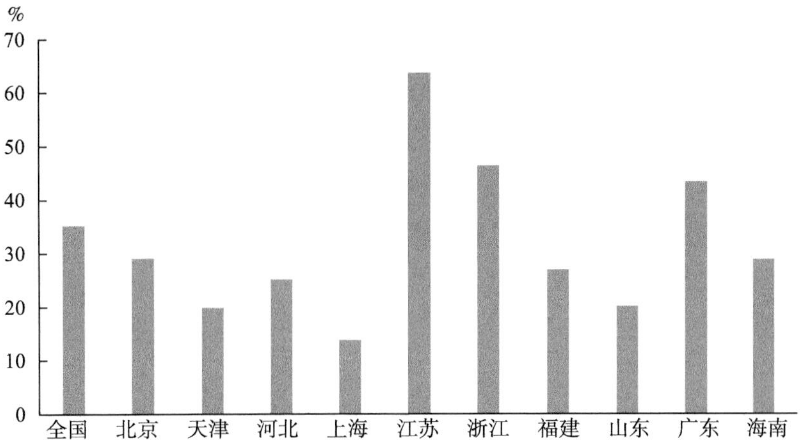

图5-9　2016年全国和东部地区各省（市）有研发机构的企业所占比重

资料来源：2017年《中国高技术产业统计年鉴》。

从研发机构的经费支出来看，在东部地区的省（市）中，如图5-10所示，广东以绝对的优势成为研发机构经费支出最多的省份，其次是江苏省、浙江省和山东省。和上海相比，北京的经费支出也略低，2016年上海的研发经费支出为91.3亿元，而北京为80.05亿元。

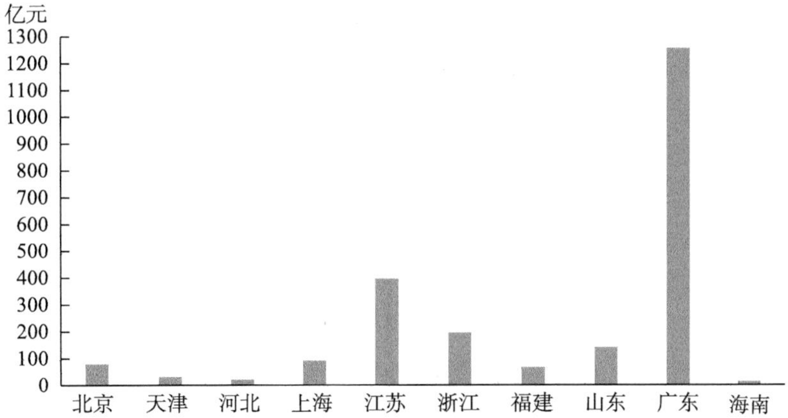

图5-10　2016年东部地区各省（市）研发机构经费支出

资料来源：2017年《中国高技术产业统计年鉴》。

二、国内典型城市发展高技术产业的政策措施

从上述数据对比可以看出，国内东部地区的高技术产业近年也取得了较快的发展，尤其广东和江苏一直稳居国内高技术产业发展的前列。各地的发展经验都值得北京借鉴，但考虑到北京作为一个直辖市以及减量发展的需要，省级的发展经验难以复制推广，因此这里主要选取了上海和深圳作为发展经验的借鉴对象。

（一）上海

上海市作为全国改革开放的排头兵、创新发展的先行者，在创新驱动产业转型升级方面已积累了丰富的经验，其科技创新能力和产业技术水平均居全国前列。

1. 人才政策

近年来，上海制定了一系列人才政策，对创新创业人才给予政策倾斜，致力于建设创新创业人才高地。

第一，人才引进政策。在国内人才引进方面，上海已初步形成了居住证积分、居住证转办常住户口、户籍人才引进的政策体系。在引才对象上，重点引进满足条件的创业人才、创新创业中介服务人才、风险投资管理运营人才、企业高管和科技技能人才以及企业家，这五类人才可直接申办上海市常住户口；在政策梯度上，上海市政府兼顾各类创新创业人才的不同政策需求，在居住证积分、居转户、直接落户三个政策梯度上分别进行突破，形成梯度明晰、相互衔接的创新创业人才引进政策体系。在海外人才引进方面，上海不断加大引进海外人才的政策支持力度，完善海外人才引进管理服务体系，出台了《鼓励留学人员来上海工作和创业的若干规定》（沪府发〔2005〕34 号）、《上海市海外人才居住证管理办法》（沪府发〔2013〕39 号）、《留学回国人员申办上海常住户口实施细则》（沪人社外发〔2015〕49 号）、《上海市浦江人才计划管理办法》（沪人社外发〔2015〕50 号）等一系列支持留学人员来沪创新创业的政策，持续加大留学人员引进力度。2019 年 8 月，上海还进一步出台了《关于服务具有全球影响力的科技创新中心建设 实施更加开放的海外人才引进政策的实施办法》（沪人社外发〔2015〕35 号），在制定外籍高层次人才认定标准时，重点突出向科技创新创业人才和一线科研骨干倾斜。此外，上海还建立了上海自贸区海外人才离岸创

新创业基地，形成了多层次的离岸创业服务支持系统，为海外人才营造了开放、便利的创业环境。目前，在沪工作创业的外国人已达21.5万人，共发放《外国高端人才确认函》近500张，均位居全国第一。

第二，人才评价制度。2018年5月上海市委办公厅、市政府办公厅发布《关于深化职称制度改革的实施意见》，着力解决职称制度的难点、痛点和堵点问题，最大限度激发、释放人才创新创业创造活力。该实施意见突出“评以适用、以用促评”，力求解决职称评和聘“两张皮”的现象，把品德放在职称评价的首位；完善以同行专家评审为基础的业内评价机制，探索在部分领域引入市场评价和社会评价；打破户籍、身份、档案等制约，进一步关注、畅通民营企业、外资企业、社会组织、自由职业者的职称申报问题；积极探索新兴职业职称试点，开展网络文学、社会工作、医学工程、景观造型设计等职称评价；此外，继续下放职称评审权。2019年6月，上海市政府进一步出台了《关于我市分类推进人才评价机制改革的实施方案》，以激发人才创新创业活力为目的，加快形成导向明确、精准科学、规范有序、竞争择优的科学化、社会化、市场化人才评价机制。在人才评价标准上，坚持凭能力、实绩、贡献评价人才，克服唯学历、唯资历、唯论文等倾向。对标国际标准，加快建立接轨国际规则、体现上海特色的人才评价标准体系。在人才评价方式上，采取多元评价方式，坚持以用人主体评价为主，引入市场评价和社会评价，同时强调健全诚信守诺、失信行为记录和惩戒制度。

2. 外资政策

利用外资是上海经济社会发展的重要组成部分。2017年，外资企业贡献了全市超过1/4的GDP，超过1/3的税收，2/3左右的外贸进出口和规模以上工业总产值，以及50%左右的规模以上工业企业研发投入。外资企业已经成为上海促进经济增长的重要引擎、调整产业结构的重要支撑、推动科技创新的重要主体、提升城市功能的重要力量。2019年9月，上海市政府出台《关于本市进一步促进外商投资的若干意见》，从进一步扩大对外开放、吸引外商投资、保护外商合法权益三个方面提出26条具体措施，为更高水平、更广领域、更深层次的开放与合作打下基础。

从引进外资的行业来看，在制造业方面，2019年前8个月，上海高技术制造业实到外资5.99亿美元，占上海前8个月制造业吸引外资总额的四成；实到外资超过 1000 万美元的制造业项目达 19 个，同比增加六成，主要流入领域为电气机械、化工、生物医药、专用设备、汽车零部件和食品制造等。在服务业方面，逐渐呈现出以商务服务业为主，信息服务、金融服务、商贸业和房地产业均衡发展的格局。以地区总部、投资性公司为主的商务服务业已成为上海引进外资最多的领域，2019 年前 8 个月实到外资 38.3 亿美元，占比近三成。信息服务、金融服务、商贸业和房地产业实到外资占比均为一成左右。

除了一般性的外资政策之外，上海还通过建设自贸试验区和发展总部经济两大特色渠道吸引外资。在自贸试验区方面，上海加快与国际通行规则接轨，确立了准入前国民待遇加负面清单的外商投资管理制度，目前特别管理措施已由 2013 年版的 190 条缩减到 2017 年版的 95 条，透明度和可预期性大幅提升；99% 以上的外资新设、变更事项可通过备案方式办理，平均办理时间从 8 个工作日缩减至 3 个工作日。在总部经济方面，早在 2002 年 7 月上海就在全国率先出台了《上海市鼓励外国跨国公司设立地区总部的暂行规定》（沪府发〔2002〕24 号），并经 2008 年、2011 年和 2017 年三次修订，已基本形成一套促进和吸引跨国公司总部的政策激励机制。截至 2019 年 7 月底，上海累计吸引跨国公司地区总部 696 家、研发中心 450 家，成为内地吸引地区总部和外资研发中心最多的城市。上海通过吸引跨国公司总部，促进了离岸贸易发展，将合同订单、资金收付、航运物流、保险、贸易融资等环节安排在上海进行，占据产业链、供应链的高端环节。

3. 创新政策

上海市探索建立了中国（上海）自由贸易试验区（以下简称上海自贸区）、张江国家自主创新示范区（以下简称张江示范区）两个改革平台，探索推出了一系列创新政策，营造了良好的创新创业环境。

第一，上海自贸区。依托自贸试验区平台的制度探索主要集中在以负面清单管理为核心的投资管理制度、以贸易便利化为重点的贸易监管制度、以资本项目可兑换和金融服务业开放为目标的金融制度、以政府职能转变为核心的事中事后监管制度四大领域。在投资管理制度方面，主要通过负面清单管理进一步改善投资环境，对清单之外外资企业的设立和变更实行备案管理；实施境外投资备案制，由投资者自主决定投资领域、方式、时间等事项；全面推行商事制度改革，探索实施“先照后证”“集中注册”“一址多照”等改革措施。在贸易监管制度方面，实施“一线放开、二线安全高效管住”的贸易监管制度，采取“先进区、后报关”“区内自行运输”“批次进出、集中申报”等通关便利化的改革举措，并在一线出境、二线入区环节实现通关单无纸化；建设2.0版国际贸易单一窗口，形成货物进出口、运输工具、贸易许可与资质、支付结算、自贸专区、人员旅客、快件与物品、信息共享、政务公开等9个功能板块。在金融制度方面，基本形成了金融制度创新框架体系，围绕“金改51条”和“金改40条”，推出了人民币跨境使用、外汇管理改革、跨境投融资便利、利率市场化等一系列实施细则；建立接轨国际、风险可控的自由贸易账户系统，同时稳步推进金融市场开放创新，上海证券交易所“沪港通”、上海黄金交易所“黄金国际板”等业务亦得到有序推进，上海保险交易所、中国信托登记有限责任公司先后成立。在事中事后监管制度方面，实施数据、行为、应用“三清单”制度和事前告知承诺、事中评估分类、事后联动奖惩“三阶段”管理，形成全过程信用管理模式；建立事中事后综合监管平台，整合各部门监管信息，具备信息查询、协同监管、联合惩戒、行刑衔接、社会监督、数据分析和双告知、双随机等功能。

第二，张江示范区。张江示范区是上海创新发展的重要引擎、全国创新改革先导区以及上海建设具有全球影响力科技创新中心的核心载体。2013年6月，科技部印发《上海张江国家自主创新示范区发展规划纲要(2013—2020年)》(国科发高〔2013〕504号)，明确了张江示范区2013—2020年战略定位和发展目标，要求增强自主创新能力，培育创新型企业，构建创新型产业体系，优化调整空间布局，推进开放创新与合作发展，营造创新友好环境，完善规划，实施保障机制等。目前，张江示范区拥有近70000家科技型、创新型企业，其中高新技术企业3759家；1700多个研发机构，300余个公共服务平台；部属、市属高校42所；院士176人、国家“千人计划”586人，本市“千人计划”383人，是上海产业发展和高端人才集聚地。2017年，张江示范区规模以上企业总营收达4.25万亿元，同比增长10.8%，其中工业总产值1.44万亿元，同比增长8.9%；净利润2820亿元，同比增长13.1%；战略性新兴产业产值突破1万亿元。在张江示范区建设基础上，2016年2月，国家发改委、科技部进一步批复了《上海张江综合性国家科学中心建设方案》，以张江地区为核心承载区，以重大科技基础设施为基础，以高水平大学、科研院所和高新技术企业等深度融合为依托，为科技创新中心建设提供强大的源头创新支撑。张江已经逐渐成为科技创新、模式创新、转化创新的集聚高地。2017年8月，上海市政府正式批复同意张江科学城建设规划，使其从“科技园”升级为“科学城”。目前，张江园区注册企业1.8万余家，初步形成了以信息技术、生物医药、文化创意、低碳环保等为重点的主导产业，第三产业占2/3以上。

（二）深圳

深圳是中国改革开放设立的第一个经济特区，它在自身发展历程中非常重视创新在地区经济结构向高端化转型过程中发挥的提升效应，产学研一体化程度较高，涌现出了一批极具创新精神的企业，如华为、中兴、比亚迪、腾讯等，享有“设计之都”“创客之城”等美誉。其具体的政策措施可以总结为以下几个方面。

1. 加强创新体系的顶层设计

近年来，深圳制定了全国首部国家创新型城市总体规划，率先发布了促进科技创新的地方性法规，并接连出台自主创新“33条”、创新驱动发展“1+10”文件、战略性新兴产业及未来产业发展规划等一系列政策文件，从财政金融支持、人才支撑、创新载体建设、科技服务业发展等方面，全面加大对自主创新的支持力度，形成了覆盖自主创新体系全过程的政策链。

在产业政策方面，深圳从2009年起先后出台了生物、互联网、新能源、新材料、文化创意、新一代信息技术、节能环保等七大战略性新兴产业规划及配套政策；深入推进国家战略性新兴产业区域集聚发展试点，规划建设了23个战略性新兴产业基地；积极培育未来产业，瞄准科技和产业发展前沿，将生命健康、海洋、航空航天、机器人、可穿戴设备和智能装备产业确定为未来产业，并且根据市场发展，及时制定了物联网、三网融合、电子商务、云计算、“互联网+”等行动文件。

在创新载体方面，深圳累计建成国家、省、市级重点实验室、工程实验室、工程（技术）研究中心和企业技术中心等创新载体1493家，基本覆盖了产业创新发展主要领域，还建成了国家超级计算深圳中心、大亚湾中微子实验室和国家基因库。深圳大力培育新型研发机构，采取量身定制的政策措施，打破常规、创新机制，培育了华大基因、光启研究院、深圳先进院等超过 90 家集基础研究、应用研究和产业化于一体的新型研发机构，其中深圳先进技术研究院集聚海内外高层次人才近 2000 人，孵化企业 100 多家；深圳清华大学研究院累计孵化企业 1500 家，其中超过 200 家为高新技术企业。此外，深圳还积极推动高等教育建设，南方科技大学、香港中文大学（深圳）、哈尔滨工业大学（深圳）、清华—伯克利深圳学院建成招生，深圳墨尔本生命健康工程学院、国际科技太空学院等特色学院建设加速推进，中山大学深圳校区正式设立，湖南大学—罗切斯特设计学院（深圳）、华南理工—罗格斯大学创新学院（深圳）、吉大—昆士兰大学落户，深圳北理莫斯科大学获批筹建。

2. 坚持企业在创新中的主体地位

深圳是自发性创新的代表，强化企业创新主体的作用，正是深圳创新发展中最宝贵的实践经验。为人们所熟知的“六个 90%”言简意赅地对深圳创新驱动发展模式进行了归纳，即 90%的创新企业是本土企业，90%的研发机构在企业，90% 的研发人员在企业，90% 的科研经费来源于企业，申请的专利 90%来自企业，90%以上的重大科研项目、发明专利来源于龙头企业。当前，深圳已形成梯次创新企业链，科技型企业超过 3 万家，国家级高新技术企业 8037 家，成为中国企业参与国际竞争的先锋。深圳企业正不断向全球创新链、价值链的上游攀升，专利合作条约（Patent Cooperation Treaty，PCT）国际专利年申请量约 2 万件，连续 13 年居全国各城市首位。世界知识产权组织等机构发布的《2017 年全球创新指数报告》指出，在全球热点地区创新集群中，深圳居第二名，仅次于东京，领先于硅谷。

深圳创造性地提出建立常态化的政企科技创新咨询制度。即在制定科技计划和攻关项目时，充分征求企业和科研机构意见，邀请国际科学家、创新企业家、风险投资家参与项目遴选，为企业家、专家、风险投资家与政府间建立起定期、常态化的咨询机制。该制度一方面强调国际科学家参与，保证了项目的国际性、前沿性；另一方面突出了企业家、投资家的参与，确保了科研计划更加贴近市场的需求，将切实提高科技创新的效率和效益。

3. 建立科研容错机制

深圳提出探索建立科研容错机制，鼓励科研人员大胆探索，挑战未知。建立这一机制，就是要在对科学研究的长期性、艰巨性和不确定性充分认知的基础上，一方面，在科学研究遭遇挫折甚至犯错误时少一些苛责、多一分包容；另一方面，也希望避免科技创新上的急功近利心态，对风险多、挑战大的重大科研项目少一些“硬性指标”、多一些“弹性目标”，对看准了的项目给予长期稳定支持。同时，为了减少创新从零开始的试错成本，深圳还决定建立科研创新失败案例数据库。过去对科研项目的技术方向、路径选择、实验数据等没有实现全面收集、整理及公开，从事相近研究的科研人员经常不得不重复走前人已证明失败的弯路、错路，造成不必要的人力、物力、财力浪费。建立科研失败案例数据库，就是要对科研活动进行全过程数据收集、整理和保存，形成专题数据产品并面向科研机构公开，从而降低企业和科研人员的试错成本。

此外，深圳还在基础研究领域建立包容和支持非共识创新的制度，扩大高等院校、科研院所立项自主权，每年给予一定金额的资助，支持有创新价值但尚未得到共识的项目。这一举措使政府将科研立项权交给高校和科研机构，给予高校和科研机构自主立项权，对那些非共识创新项目给予资金上的支持，将推动形成百花齐放、百家争鸣的科技创新氛围。未来，深圳每年将给予高等院校、科研机构一定额度用于自主资助非共识创新项目，政府不干涉这类科研项目的具体过程，由高校和科研机构自行组织科研管理和绩效评价，让创新者自由开展科研活动。

三、总结与启示

从各省市横向对比中可以看出，总的来说，北京在科技创新方面仍有待进一步发展，具体表现出以下特征：一是高技术企业数量不足，即使不和东部省份比，在直辖市中，北京高技术企业的数量也低于上海，其中北京医疗仪器设备及仪器仪表制造业，航空、航天器及设备制造业以及医药制造业这三个产业的数量相对较多；二是国有企业占比大，不同于上海和广东，后两者分别为外资和内资占比较大；三是主营业务收入表现不佳，其中电子及通信设备制造业、医药制造业、计算机及办公设备制造业这三个产业的收入占比较大；四是利润总额不高但利润率表现良好，北京高技术产业利润的首要来源是医药制造业，而上海和广东高技术产业利润的首要来源是电子及通信设备制造业，不过北京高技术产业利润率略高于上海、广东；五是研发活动有待加强，北京有研发机构的企业占比远低于江苏、浙江、广东，但高于上海，研发机构的经费支出也远低于广东，大幅低于江苏和浙江，同时还略低于上海。

上海和深圳的科技创新发展经验值得北京借鉴。首先，出于减量发展的考虑，北京可谨慎借鉴人才引进方面的举措，重点关注高端人才吸引以及激励机制建设；其次，充分发挥各平台园区的功能，加强产学研融合发展，形成创新网络体系；最后，加强创新生态环境建设，加大对科技创新的支持，培养自由宽松的创新氛围。

第二节　城市产业转型升级的国际经验借鉴

随着技术密集型和知识密集型服务业成为国际大都市的主导产业，技术创新和知识创新对经济增长的引领作用越来越明显，创新驱动已成为国际大都市普遍选择的经济发展模式。如今，全球各城市均将科技创新视为产业转型升级的重要抓手，在全球范围内展开激烈的科技竞争和人才竞争。美国纽约和日本东京作为典型的世界城市，通过其庞大的经济规模、高水平的产业创新等各个方面的卓越表现成为驱动世界经济发展的重要力量。因此，本节以纽约和东京两大世界城市为例，考察两者产业发展现状及其在产业转型升级方面的宝贵经验，为促进北京高精尖产业的发展和推进世界城市建设提供可贵的经验借鉴。

一、美国纽约

（一）纽约产业发展现状

纽约作为世界最大的经济中心之一，在美国所有城市中排名第一。从地区生产总值来看，2016 年纽约的生产总值已达到 9007 亿美元，在全球所有城市中排名第二，略低于第一名东京的 9473 亿美元；从人均生产总值来看，2016 年纽约的人均生产总值为 108038 美元，居各球各城市首位，远高于第二名东京的 70130 美元。

1. 各行业单位数

以全行业单位数来看，2017 年纽约市的制造业占 2.2%，服务业占 92%。图 5-11 展示了 2017 年纽约市各行业单位数所占的比重。从图中可以看出，不考虑其他服务业（如公共行政），纽约市单位数最多的五大行业依次为零售业、专业与技术服务业、住宿与餐饮业、医疗保健与社会援助业、房地产与租赁业。其中，专业与技术服务业排第二，在经济中占有重要位置。

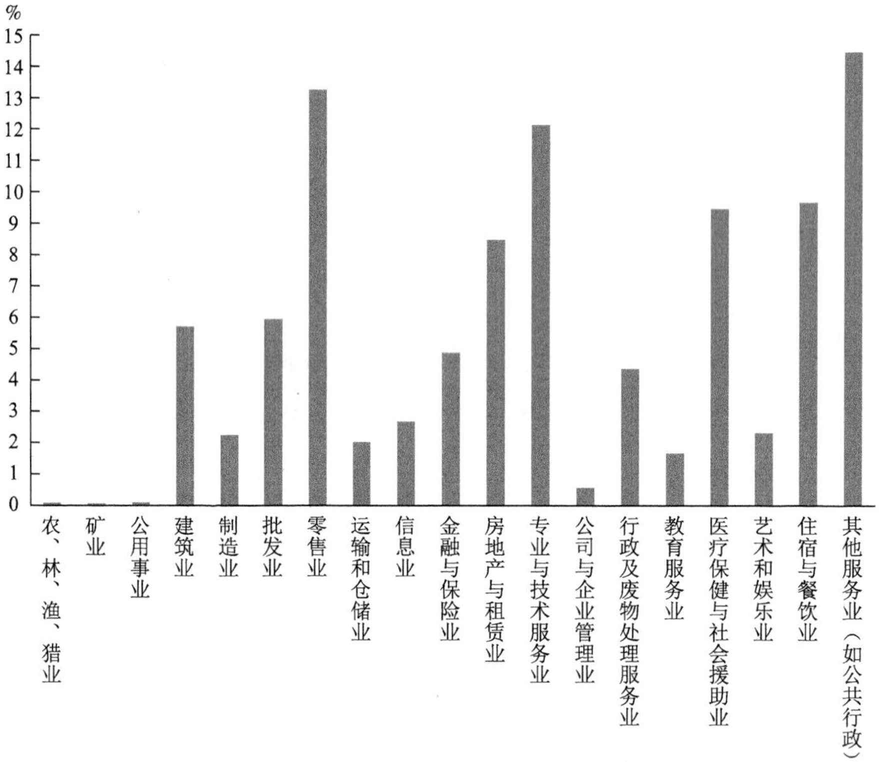

图 5-11 纽约市 2017 年各行业单位数占比

资料来源：纽约州劳工、劳动力和行业数据部。

就制造业而言，如图 5-12 和图 5-13 所示，纽约市的制造业中单位数最多的是食品制造业，总数为 1161 家，在全部制造业中占 20.3%；其次是服装制造业，总数为 1019 家，在全部制造业中占 17.8%；第三大制造业为杂项制造业，总数为 930 家，在全部制造业中占 16.2%。

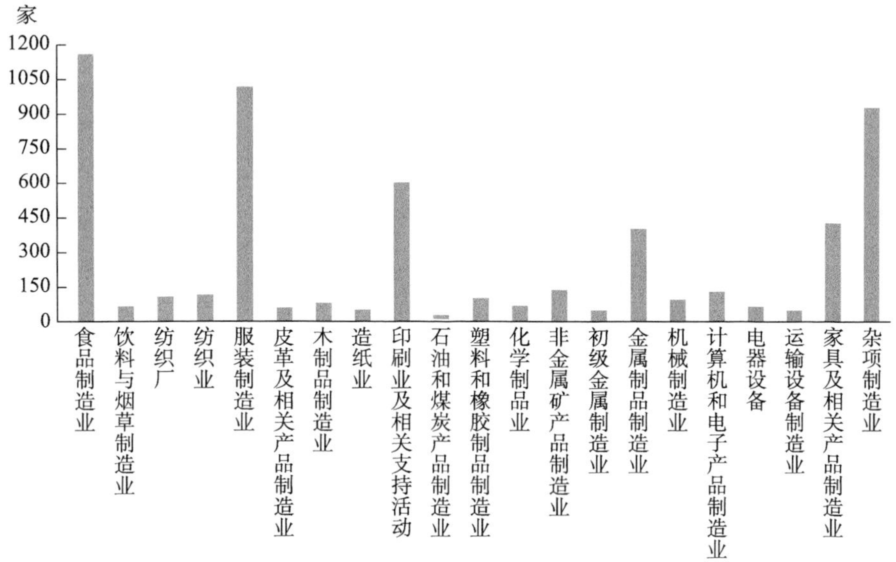

图 5-12　纽约市 2017 年制造业各行业单位数

资料来源：纽约州劳工、劳动力和行业数据部。

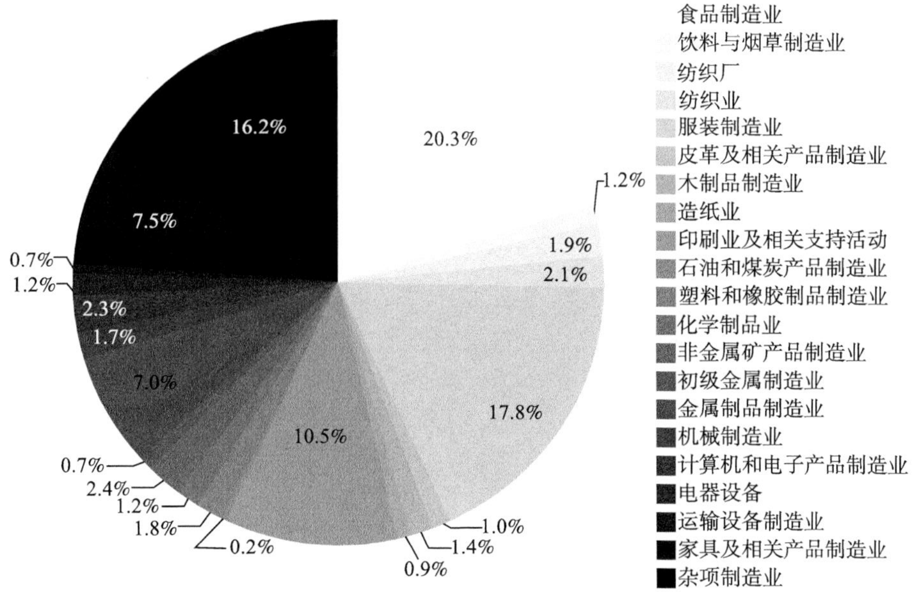

图 5-13　纽约市 2017 年制造业各行业单位数占比

资料来源：纽约州劳工、劳动力和行业数据部。

就服务业而言，如图 5-14 和图 5-15 所示，排除其他服务业（如公共行政）这个分类之后，纽约市的服务业中单位数最多的是零售业，总数为 33783 家，在全部服务业中占比 14%；其次是专业与技术服务业，总数为 30906 家，在全部服务业中占比 13%；第三大服务业为住宿与餐饮业，总数为 24629 家，在全部服务业中占比 11%。

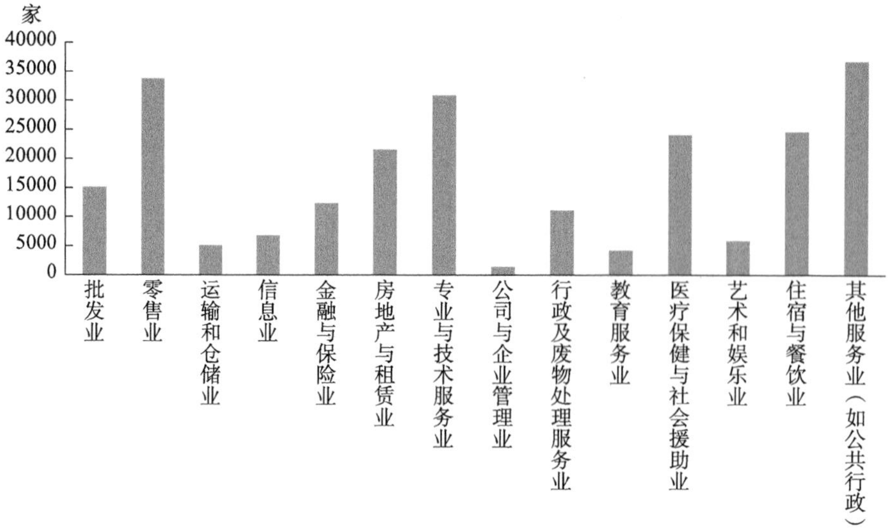

图 5-14　纽约市 2017 年服务业各行业单位数

资料来源：纽约州劳工、劳动力和行业数据部。

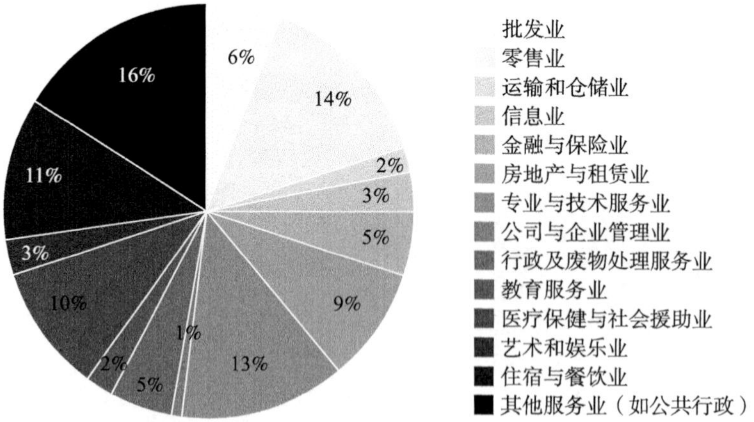

图 5-15　纽约市 2017 年服务业各行业单位数占比

资料来源：纽约州劳工、劳动力和行业数据部。

2. 各行业平均年薪

如图 5-16 所示，在纽约市的各行业中，平均年薪最高的前三个行业依次为金融与保险业（310014 美元）、公司与企业管理业（186665 美元）、信息业（137298 美元）。在制造业领域，如图 5-17 所示，平均年薪最高的三大行业分别为饮料与烟草制造业（157163 美元）、计算机和电子产品制造业（128545 美元）、化学制品业（96664 美元）。可以看出，服务业前三名行业的薪资大幅领先制造业前三名行业的薪资。

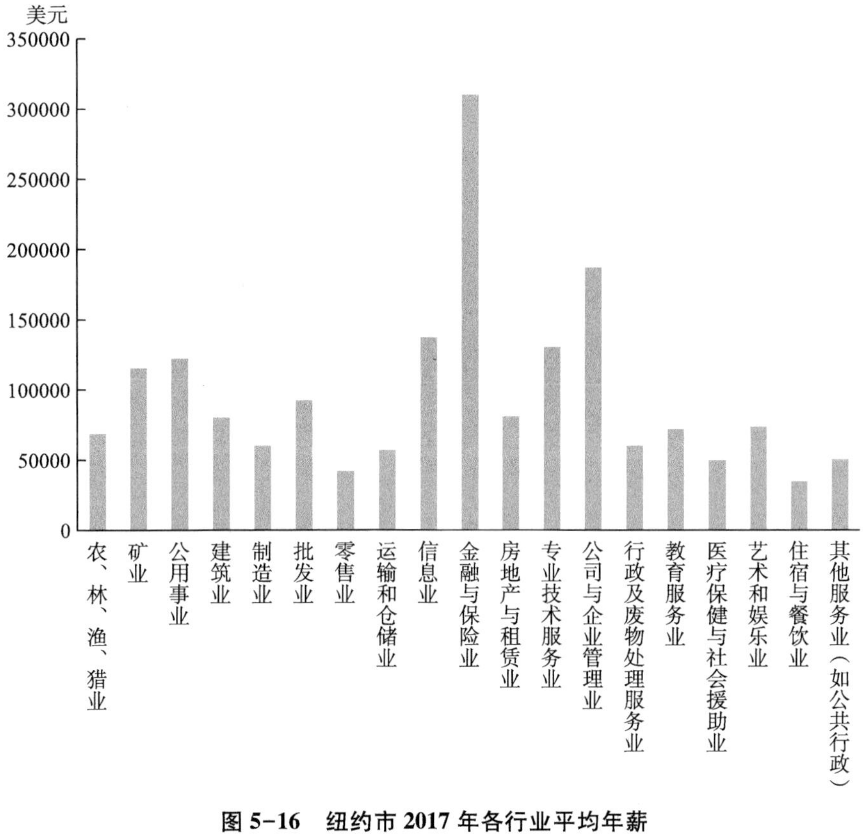

图 5-16　纽约市 2017 年各行业平均年薪

资料来源：纽约州劳工、劳动力和行业数据部。

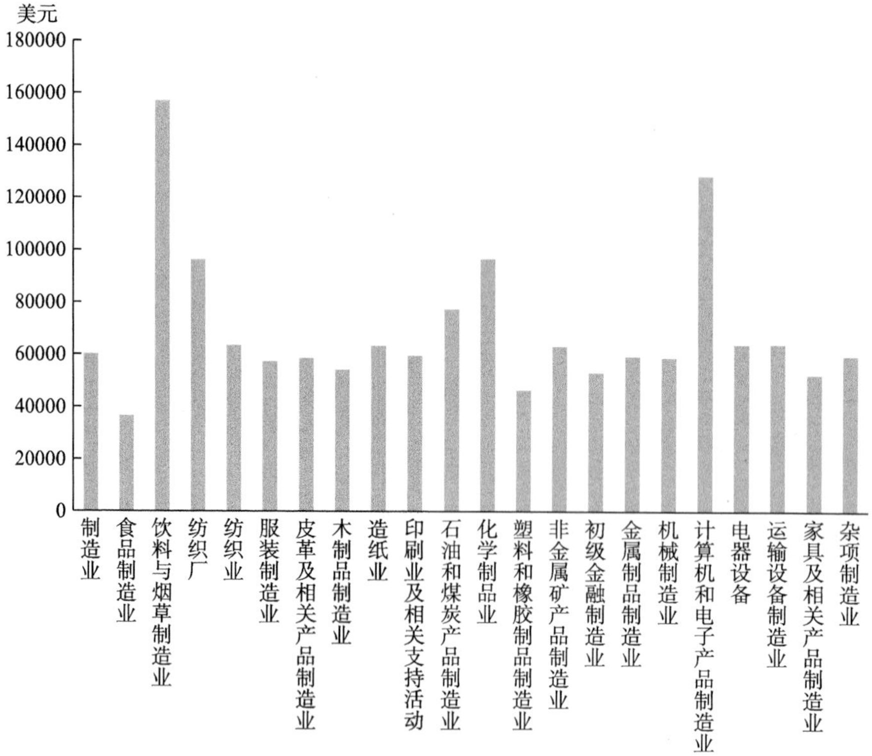

图 5-17　纽约市 2017 年制造业各行业平均年薪

资料来源：纽约州劳工、劳动力和行业数据部。

3. 各行业吸纳就业情况

从各行业吸纳就业的情况来看，如图 5-18 所示，2017 年纽约市吸纳就业人员最多的三大行业依次为医疗保健与社会援助业（703848 人）、专业与技术服务业（401459 人）、住宿与餐饮业（364940 人）。在制造业领域，如图 5-19 所示，制造业中吸纳就业人员最多的三大行业分别为食品制造业（18266 人）、服装制造业（12784 人）、杂项制造业（8121 人）。可以看出，服务业前三名行业吸纳就业的能力同样大幅领先制造业前三名。

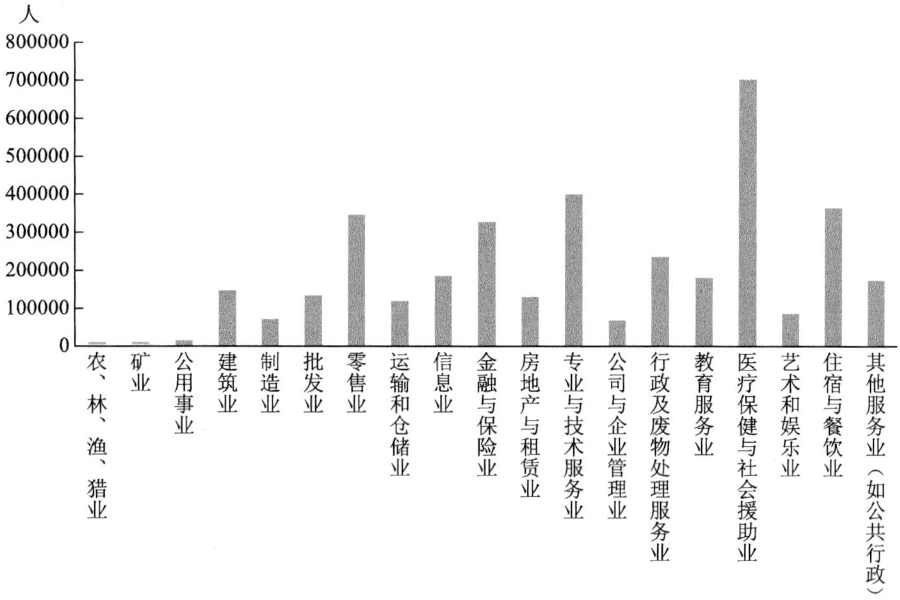

图 5-18　纽约市 2017 年各行业平均年就业人数

资料来源：纽约州劳工、劳动力和行业数据部。

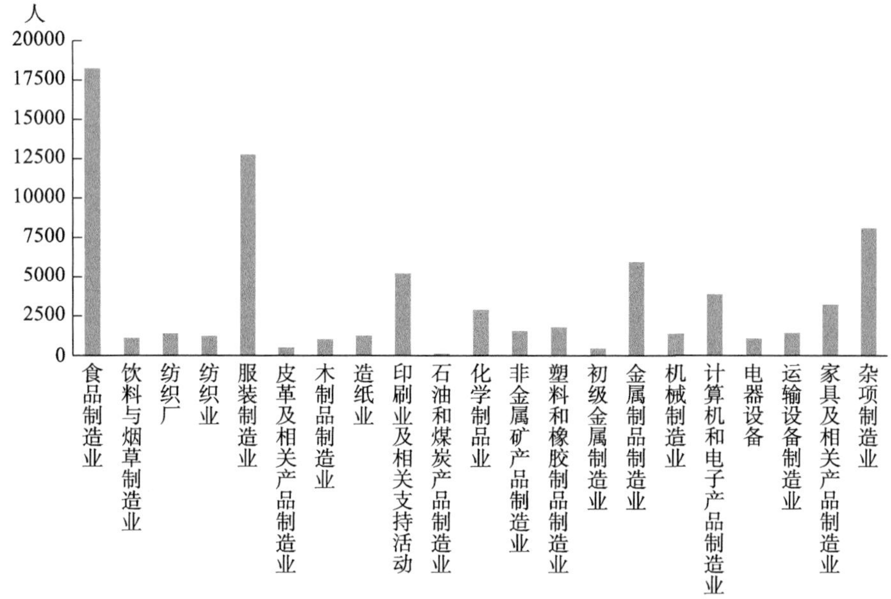

图 5-19　纽约市 2017 年制造业各行业平均年就业人数

资料来源：纽约州劳工、劳动力和行业数据部。

（二）纽约产业转型升级的经验借鉴

纽约市位于美国东部大西洋沿岸，是美国第一大港口城市，优越的地理位置使其在殖民时代便成为重要的贸易口岸。繁荣的贸易经济帮助纽约积累了大量资本，为日后发展制造业奠定了基础。第一次产业革命带动了纽约市制造业的快速发展，纽约市依据自身的要素资源特点，主要发展以食品加工、机械制造、出版印刷、服饰鞋帽为代表的劳动密集型和资本密集型轻工业，几乎未发展重化工业。直到 20 世纪 50 年代，纽约市的土地和劳动力成本不断上升，导致大量制造业搬迁，纽约的产业结构才开始调整，新兴高科技产业逐渐取代传统低端加工业，制造业进入衰退期。经历制造业外迁阵痛的纽约依托第三产业尤其是金融业的发展重新找到了经济增长点，成为全球金融中心。然而，2008 年金融危机爆发后，纽约市政府开始反思过度依赖金融业的经济发展风险，探索产业多元化发展，促使纽约从金融中心向科技中心转型。在这一过程中，纽约市政府可以在人才政策、融资支持、创新环境与分工合理的大都市圈四个方面为北京产业转型升级提供宝贵的经验。

第一，人才政策。纽约市政府意识到人才是科技创新和经济发展的基础保障，先后出台了一系列重大人才政策。“纽约人才引进草案”主要解决纽约缺乏信息、通信等理工人才的问题，不仅资助纽约企业高管奔赴国内各大院校吸引计算机、工程等专业的学生，还定期组织各大院校学生来纽约访问企业。“应用科学计划”由政府提供土地，引入世界顶级工程学院建设大学科学园，康奈尔大学以及以色列工程学院落户罗斯福岛，为纽约培养自己的高科技人才。“高科技人才输送管道项目”是短期人才培养项目，致力于将纽约市民快速培养为符合高科技公司需求的理想员工，以熨斗学校为代表。熨斗学校的学员不需要任何经验，十二周全日制编程培训之后，顺利结业的学员即可成为完全称职的 Web 程序员。

第二，融资支持。纽约市政府目前设有两个基金用于对科技企业成长提供资金支持，一个是纽约种子期基金，另一个是纽约合作基金。纽约种子期基金用于为软件或网络技术领域的创业者提供不超过 20 万美元的种子期投资，纽约合作基金主要投资金融技术、医疗健康 IT、生命科学领域处于种子期或扩张期的纽约公司。此外，纽约市政府还鼓励科技领域的龙头企业与大学科学园成为合作伙伴，这些龙头企业不仅可以为大学科学园建设提供资金，还会为一些入园小企业提供支持。再者，纽约凭借自身发达的金融业和资本市场，形成了多种融资方式并存的科技创新金融支撑体系，除了纽约证券交易所、纳斯达克证券市场等直接融资方式之外，还建立了相对完善的间接融资风险分担体系。发达的金融体系与充足的科技人才相结合，使纽约市涌现出大量科技与金融相融合的数字新创企业，带动了城市经济的创新发展。

第三，创新环境。在创新平台方面，纽约市政府为创业者提供了大量创业孵化器和共享办公地点，营造出浓厚的创新创业环境，并为创业者提供各种咨询服务、培训讲座，邀请成功的创业者成为正在创业的年轻人的导师。纽约市政府还推出“数字纽约”网上平台，提供高科技企业职位空缺和创业活动的实时信息，将投资者、创业公司和求职者联系在一起。在竞争氛围方面，成熟的科技创新生态系统为科技企业提供了良好的发展土壤，纽约已经逐渐成为美国科技行业的新创业中心，大量科技创新企业不断涌现，形成激烈的竞争氛围。纽约市的科研机构多为私营企业所有，强大的竞争压力大大加速了研究成果产业化进程，进而实现创新发展的高效率。

第四，分工合理的大都市圈。当前，各大世界城市均有自己的大都市圈，纽约大都市圈拥有纽约、波士顿、费城、巴尔的摩和华盛顿五座大城市，以及 40 个 10 万人以上的中小城市，人口总量占美国总人口的 20%，制造业产值占全美的 30%以上。纽约大都市圈在各中心城市功能与主导产业的错位发展上也形成了各自的亮点。在城市功能定位上，各次级中心城市努力与纽约形成各具特色的发展格局：纽约作为国际金融中心，拥有最为发达而齐全的生产性服务业，为整个都市圈和全球经济活动提供多种重要的高端专业化服务；波士顿是全美最负盛名的高科技产业基地和高等教育名城，沿波士顿 128 号公路形成了与“硅谷”齐名的“高科技走廊”；华盛顿是全美政治中心和大国首都，总部经济优势明显，集聚了一批全球性金融机构，如世界银行、国际货币基金组织和美洲发展银行等的总部；费城是纽约大都市圈的交通枢纽和港口城市，交通运输、国防及航空工业比较发达；巴尔的摩紧邻华盛顿特区，分享了很多联邦开支和政府采购合同，为国防及矿冶工业打下了基础。

二、日本东京

（一）东京产业发展现状

东京作为东亚地区的世界级城市，经济发展水平较高，产业结构较为高级。2016 年东京都的总产出中，制造业占 8.30%，服务业占 83.88%。

图 5-20 展示了 2016 年东京都的地区总产出中各行业所占比重。从图中可以看出，东京都产出最高的五大行业依次为批发与零售业，信息与通信业，专业、科学和科技活动，房地产业，金融与保险业。其中，信息与通信业以及专业、科学和科技活动分别排名第二、第三，在经济中占有重要位置。

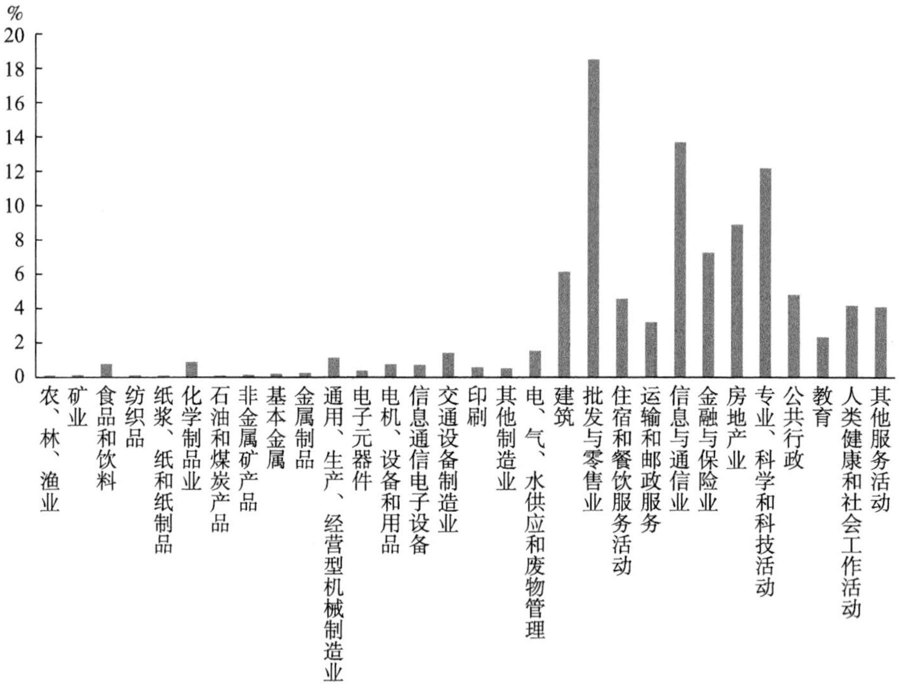

图 5-20　2016 年东京都总产出中各行业比重

资料来源：《都民经济计算年报——平成 28 年度》。

就制造业而言，如图 5-21 和图 5-22 所示，东京都的制造业中产值最高的是交通设备制造业，产值为 26914.32 亿日元，在全部制造业中占

17%；其次是通用、生产、经营型机械制造业，产值为 21570.55 亿日元，在全部制造业中占 14%；第三大制造业为化学制品业，产值为 16737.51 亿日元，在全部制造业中占 11%。

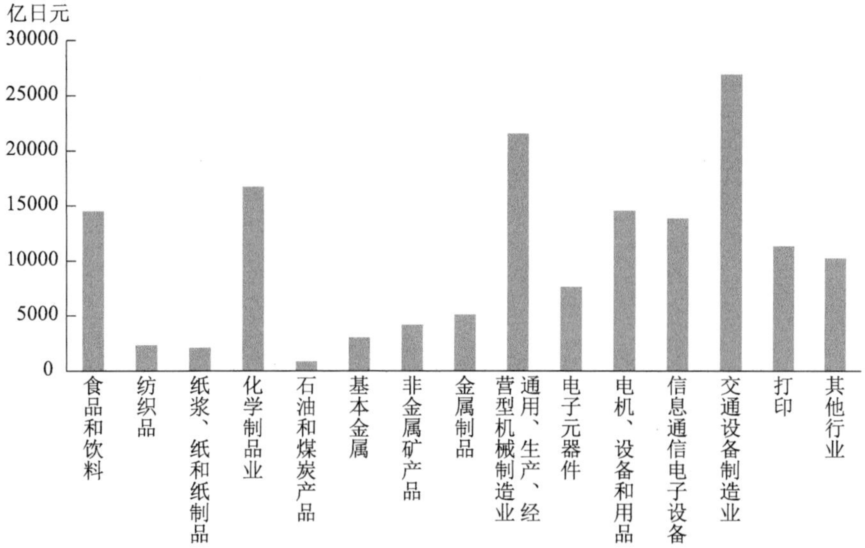

图 5-21　2016 年东京都制造业各行业产值

资料来源：《都民经济计算年报——平成 28 年度》。

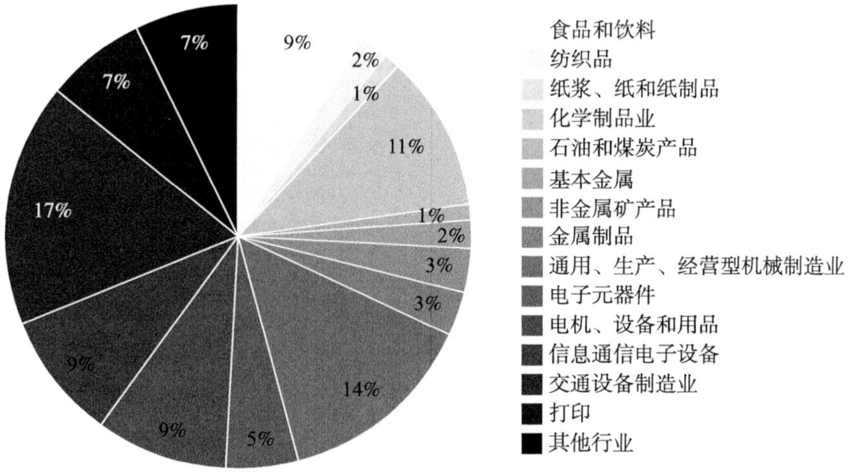

图 5-22　2016 年东京都制造业总产值中各行业比重

资料来源：《都民经济计算年报——平成 28 年度》。

就服务业而言，如图 5-23 和图 5-24 所示，东京都的服务业中产值最高的是批发和零售业，产值为 346591.03 亿日元，在全部服务业中占 22%；其次是信息与通信业，产值为 256067.51 亿日元，在全部服务业中占 16%；第三大服务业为专业、科学和科技活动，产值为 227953.83 亿日元，在全部服务业中占 14%。

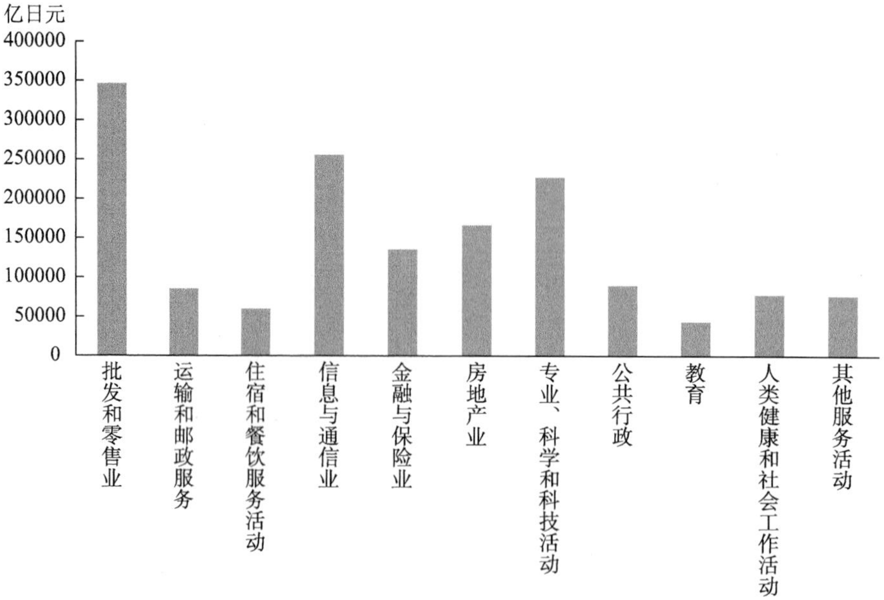

图 5-23　东京都 2016 年服务业各行业产值

资料来源：《都民经济计算年报——平成 28 年度》。

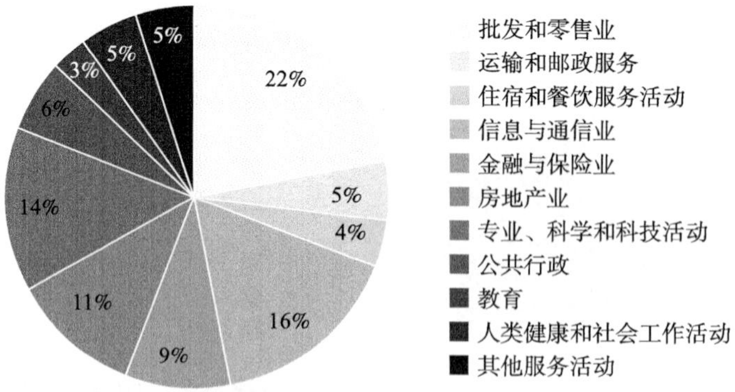

图 5-24　东京都 2016 年服务业总产值中各行业比重

资料来源：《都民经济计算年报——平成 28 年度》。

（二）东京产业转型升级的经验借鉴

相较于纽约，东京工业化起步较晚。凭借后发优势，东京在20世纪50年代大力发展重化工业；60年代，由于国内劳动力成本上升和国际原材料价格波动，重化工业逐渐让位于都市产业和加工组装类轻工业；70年代，石油危机导致能源价格攀升，以金融业和信息业为代表的生产性服务业得以发展，与此同时，钢铁和化工等高能耗产业外迁出东京；80年代，为了进一步促进生产性服务业的发展，日本政府开始推动通信、电力和金融等垄断行业的民营化进程；到90年代末，东京的服务业吸纳了2/3的就业人员，创造了超过80%的产值规模；进入21世纪之后，东京开始发展文化创意产业，其中动漫产业是其文化创意产业中发展最好的部门。分析东京产业结构转型升级历程和政府作为，可总结出以下几点供北京借鉴。

第一，政府制定长远规划，积极谋求城市发展。和纽约相比，政府的作用在东京城市发展中格外突出，影响深远。自20世纪50年代后期起，日本出台了首都都市圈规划，并根据具体发展情况每10年修订一次。与此同时，为了使东京都市圈的规划建设有法可依，日本政府还制定了一系列法律保障城市规划的顺利实施，比如1956年的《首都圈整备法》、1958年的《首都圈市街地开发区域整备法》、1959年的《首都圈建成区限制工业等的相关法律》、1966年的《首都圈近郊绿地保护法》、1986年的《多极分散型国土形成促进法》等多部法律法规，并根据东京都市圈建设的阶段修改完善相应法律法规。

第二，在发展服务业的同时，也重视发展都市型制造业。一方面，东京产业结构服务化并不意味着制造业的完全退出，而是在产业结构调整的过程中逐步优化了制造业的结构；另一方面，东京在疏解制造业时，并非将制造业全部外迁，而是将石化、钢铁、电器制造等占地面积大、能耗高的工业外迁，东京自身保留以出版印刷、精密机械与加工、服装服饰、食品加工为代表的都市型制造业。这些行业占地少、环境友好、附加值高，以中小企业为主，对生产性服务业有较高的需求。正是由于东京实体经济相对发达，避免了城市经济空心化的风险，在2008年金融危机之后，东京才能快速恢复。

第三，东京都市圈呈现出层次分明的分工体系，使整个都市圈的综合功能大于单个城市功能的简单叠加。东京都市圈是全球屈指可数的世界级大都市圈之一，采用的是“集中分散化”的空间扩展模式，由早期首都功能过度向东京集中的“单核集中”空间结构，转变为将当前一部分首都功能分散到东京周围地区的“多核分散”区域格局。东京都市圈的空间圈层结构由中心城市、次中心城市、中小城镇卫星城和乡村共同组成，互相之间协调发展并有序配合。具体而言，中心城市东京以金融业、商贸业与生产性服务业为主，次中心城市和环核心城市带以高端制造业和科技产业为主，更外围的地区则着力发展重工业及资源型产业，要素和资源在都市圈内有序无障碍地流动，构建了完善的产业链和价值链。不同城市既保持一定的独立性，又根据自身基础和特色承担不同的职能，形成了特色鲜明、错位发展的分工格局。

第四，在科技创新领域，政府既重视应用研究，更重视基础研究，以建设筑波科学城为典型代表。以创新要素集聚而著称的筑波科学城在带动东京都市圈产业结构升级中起到了不可替代的作用。日本政府在筑波科学城内建立筑波大学，并以之为中心，培育大学与产业之间、科学城内各研究机构的相互合作和有机联系，从而使筑波科学城成为一个综合的研究都市，筑波大学为各个研究机构输送了大量优秀后备人才。筑波科学城由研究学院和周边配套地区两部分组成。研究学院内部以国家实验室为主，兼备都市区与住宅区；周边地区以散布的工业用地为主，吸引了许多大企业来此选址建厂，包括微电子工业、新材料工业和生物工程等尖端技术工业的各大公司。筑波科学城最初完全由政府规划、投资和运营，为了进一步推进产学研合作，才开始逐渐引入市场力量，比如国家机构实行独立法人制度，放开科学城建设的参与主体限制，使其从基础研究基地向市场化开发和产业化开发转型。

三、总结与启示

作为典型的世界城市，纽约和东京的产业结构呈现出高级化特征，科技创新能力强，其在产业转型升级和科技创新方面的发展经验能够为北京市发展高精尖产业提供宝贵的经验借鉴，具体可以归纳为以下几点。

一是在经济结构趋于高度服务化的同时，重视提升高技术服务业和都市制造业的比重。从三次产业结构来看，纽约和东京的服务业占比极高，其中信息服务业和科技服务业的占比均很高。尽管北京的服务化程度已经接近东京，但是高技术服务业比重仍低于纽约和东京。此外，东京在其都市圈内维持一定比重的高附加值都市制造业的做法，同样值得北京借鉴。

二是功能布局各有分工，激发产业集聚效应。不管是纽约还是东京，其发展都离不开都市圈的协同发展，都市圈的不同位置或不同圈层对应着不同的产业分布及城市功能，在避免重复建设的同时还促进了产业的集聚效应，最大限度地发挥各区域专业化分工的优势。不同区域错位发展却联系紧密，共同服务于整体都市圈的发展，充分体现了协同发展的优势。

三是强调产学研融合、金融支撑和基础配套，做好科学园区的建设。无论是康奈尔大学入驻罗斯福岛，还是筑波科学城的建设，都强调通过科学园区推进产学研融合发展。在金融支撑方面，纽约作为金融中心充分发挥了其强大的金融功能，为纽约产业发展提供了充足的资金支持。此外，筑波科学城的例子还说明，基础研究与应用研究一样，都是科技创新的原动力，应受到政府重视。

第六章　北京高精尖产业发展的空间布局与影响因素

第一节　北京高精尖产业发展的空间布局

北京要发展高精尖产业，如何进行空间布局是至关重要的一环。西方国家由于市场经济较为发达，关于城市产业布局的政策分析和发展模式等的研究并不多见，有关产业布局的分析多数集中于产业集聚性的度量，主要研究方法有 CAL 模型、E-G 指数、两阶段 OLS 分析方法、非齐次 K-函数的参数化方法等。

我国关于城市产业布局研究方面的文献资源相对丰富，学者往往针对某一成熟产业或者具有显著特征的某一类产业布局问题进行研究，如物流产业、金融业、制造业等。就战略性新兴产业空间布局而言，学者多采用企业微观数据对战略性新兴产业集聚程度进行分析，主要方法包括 Urbansim 大尺度模型动态模拟、Ripley's 函数与核密度、空间自相关、区位熵、E-G 指数等。少数学者对战略性新兴产业未来的空间布局模式与方案进行了探索，主要理论及方法包括“双核结构”理论、系统聚类分析法等。在新时期，产业布局与城市发展之间的联系更加紧密，产业空间布局问题越来越受到关注。产业空间布局理论研究视角更加多元化，研究方法更加灵活化。然而，学术界对于多产业系统布局问题的研究仍属凤毛麟角。

高精尖产业体系涉及多个产业，需要系统分析产业体系内部的耦合关系，才能确定高精尖产业体系的空间布局模式。本节主要利用比较优势理论，从宏观政策、产业关联、区域基础条件等多维度来探究十大高精尖产业的布局问题，试图为北京市高精尖产业空间布局提供新的分析思路，为打造北京高精尖产业结构提供有益的借鉴。

一、十大高精尖产业间的空间布局关系分析

（一）十大高精尖产业间的耦合关系

产业耦合是产业关联和产业融合的进一步拓展，超越了产业上下游之间的联系，也不再局限于技术和知识上的共融互通，而是包含生产要素、产品市场、技术研发等全方位的交叉影响，更加适应新兴产业的发展需求。产业间的耦合关系使得各产业间产生直接或间接的影响，是产业空间布局需要考虑的重要环节。北京市十大高精尖产业间形成了错综复杂的耦合关系，如图 6–1 所示。

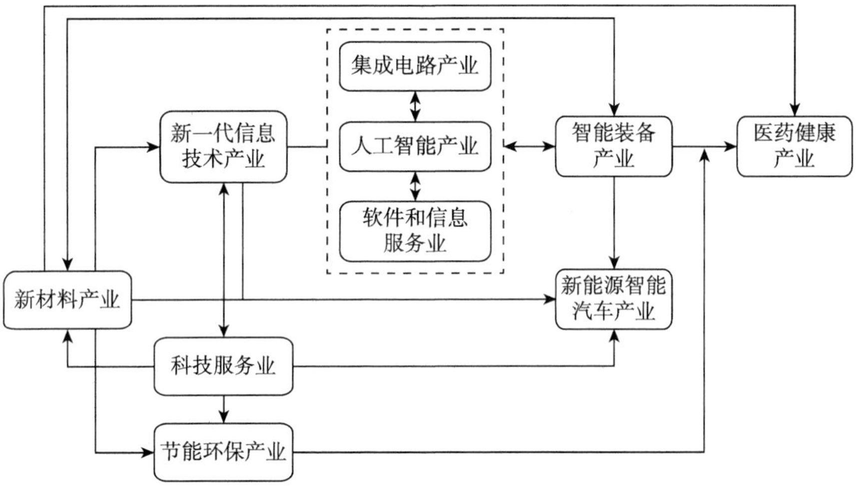

图 6–1　北京市十大高精尖产业耦合关系

图 6–1 中，单项箭头指向表示前向关联，双向箭头表示环向关联，虚线框表示包含关系。其中，新材料产业作为基础性产业，为医药健康、智能装备、新一代信息技术、新能源智能汽车、节能环保等多个产业提供必要的产品，具体包括生物医药材料、制造装备材料、电子信息材料、新能源和汽车材料、环境友好型材料等。

新一代信息技术产业中包含集成电路、人工智能、软件和信息服务的内容，北京十大高精尖产业将其相分离，突出了后三者的重要性，在进行

区位选择时也应考虑产业各部分的相关联系与发展重点。四大产业存在密切的内部联系，比较明显的是人工智能产业与集成电路产业、软件和信息服务业构成环向联系，如集成电路产业为人工智能产业提供必要的芯片，人工智能产业的成果又同时运用于人工智能芯片的生产，人工智能和软件和信息服务的产业成果也相互转化。新一代信息技术产业广泛服务于新能源智能汽车产业，例如为新能源智能汽车提供车联网平台、设备芯片、智能应用技术等。新一代信息技术产业又同时与智能装备产业、科技服务业形成环向联系。例如，新一代信息技术产业相关产品和技术（如新型平板显示、芯片等）为智能装备的生产提供投入品，智能装备产业的产出品（如智能生产设备）同时又为新一代信息技术产业提供生产加工设备。

智能装备产业同时与医药健康产业、新能源智能汽车产业及节能环保产业形成后向联系，与新材料产业形成环向联系，为各产业产品的生产提供设备支撑，包括诊疗设备、汽车加工设备、高效节能设备及高端复合新材料生产设备。

科技服务业除与新一代信息技术产业存在紧密联系之外，也为新材料、新能源智能汽车及节能环保等产业提供科学与技术服务。例如，科技服务业为新材料产业提供材料合成技术、为新能源智能汽车提供拥有芯片级别的充电桩智能化接入技术、为节能环保产品提供维修技术等。

北京市十大高精尖产业除上述耦合关系之外还存在着其他千丝万缕的联系，各产业、各环节相互关联。某一产业的发展将会带动相关产业的发展，相关产业的发展又同时促进了原产业的发展，在进行产业区位选择时应注重各产业间的耦合关系和溢出效应。在这里，依据关联强度大的产业优先布局在同一区域或相邻区域的原则进行分析，以求实现协同共进、多元发展、共同繁荣的产业网络。

（二）十大高精尖产业的圈层式分布关系

根据前文对产业耦合的分析，北京市十大高精尖产业在空间上适宜呈圈层式分布，如图 6-2 所示，一方面可以增强关联性大的产业之间的正向溢出效应，另一方面可以实现各产业对资源的充分利用。

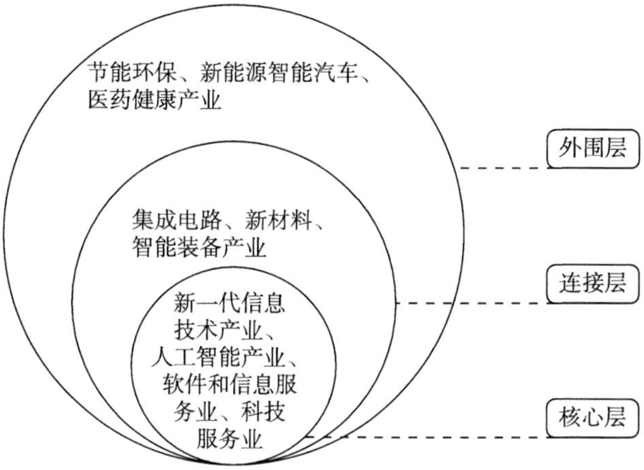

图 6-2　北京十大高精尖产业圈层式分布

核心层主要布局高端服务业，具体包括新一代信息技术、人工智能、软件和信息服务以及科技服务业，上述四类产业都表现出对人才和技术强烈的需求导向，对其他产业的发展起到带动作用，适宜布局在北京市的中心地带，起到标杆式的行业引领作用。

连接层主要布局制造业，具体包括集成电路、新材料和智能装备产业，这三类产业以相关科技成果为输入品，同时输出品又作为核心层和外围层相关产业的输入品，为核心层和外围层产业提供生产材料和设备支撑。连接层产业适宜布局在核心层产业的周围，易于吸收和利用核心层产业的科技成果，同时也便于向市中心和城郊区域运输产出品，起到连接核心层和外围层的重要作用。连接层产业除了需要具备一定的工业技术基础和资本支持外，还需要一些其他条件，如集成电路和新材料产业尤其需要便利的交通条件。

外围层主要布局保障性产业，具体包括节能环保、新能源智能汽车和医药健康产业，这三类产业除了对人才、资本、技术、交通有一定的需求，更重要的是对环境条件有所偏好，适宜布局在北京市郊一带。

二、北京各区适宜发展的高精尖产业分析

（一）北京各区的产业规划

北京是我国的首都，承担着重要的经济和社会职能，产业发展方面需

要符合国家战略需要，为实现未来城市目标定位奠定良好的基础。政府的产业政策和产业规划往往自上而下地影响着产业的发展，北京各级政府出台的一系列产业政策以及建设方针为产业的空间分布提供了有价值的政策参考。

从中心城区来看，东城区以建设成为“胡同创意工厂”为目标，以发展文化创意产业为着力点，以“中关村东城园”为载体，适宜发展新兴的科技产业，为创意产品的研发提供技术支撑。西城区“金融”力量强大，以建设成为“高端服务区”为目标，适宜布局科技服务与软件和信息服务等高端服务业。朝阳区以建设“国际商务区”为发展目标，《朝阳区“十二五”时期高新技术产业发展规划》中提出将新一代信息技术、生物、新能源、高端装备制造作为产业发展重点。丰台区着力打造“科技创新高地”，适宜开展新一代信息技术、集成电路、智能装备等一系列重大的研发工作。石景山区将首钢工业基地转移以后，致力于建设数字内容产业，试图构建“西部高端服务区”，建有“北京数字娱乐产业示范基地”“国家网络游戏动漫产业发展基地”“中国电子竞技运动发展中心”等一系列特色产业基地，软件和信息服务业应成为主要抓手。海淀区科技力量雄厚，被称为北京“科技创新领头羊”，适宜发展以科技为核心的相关产业。

通州区于2015年被正式确立为北京城市副中心，建设目标为“综合服务区”，分担北京市部分行政职能和服务职能，适宜布局软件与信息服务及科技服务等高端服务产业，同时也适宜布局医药健康等服务行业。此外，新能源汽车产业基地在房山区、昌平区和大兴区落户，因此这三个区域将成为新能源智能汽车产业的关键集聚地。《北京市高精尖产业指导意见》关于新材料产业领域的政策指出，房山区、顺义区和怀柔区将成为新材料产业的关键布局区域。其中，北京市石油化工新材料产业基地正在房山区规划建设之中，房山区政府于2017年同北京石墨烯产业创新中心达成石墨烯项目合作的协议，同时成立北京石化新材料产业联盟，重点研究石墨烯、电子新材料、高分子增材制造等先进材料。顺义区则主要规划发展第三代半导体材料、高性能纤维及复合材料、高端装备用特种合金等新材料相关产业。怀柔区则依托雁栖经济开发区和怀柔科学城，建有怀柔新材料发展中心，将化工、新型建材等新材料作为研发重点。

（二）北京各区的比较优势分析

经过多年的发展，北京全市的产业结构不断调整，取得了可喜的成绩。然而，北京十六城区的发展状况各不相同，需要因地制宜，充分利用各区的资源环境来发展高精尖产业，以现有的经济条件带动高精尖产业的集聚、成长和壮大。与传统产业不同，高精尖产业是新一代产业革命的产物，表现出高附加值、高技术含量、高端化的突出特点。这里选取人才、资本、技术、交通和环境作为影响高精尖产业发展的五大要素，构建综合要素指标体系，如表 6-1 所示。

表 6-1　高精尖产业影响要素综合指标体系

一级指标	二级指标
人才	城镇单位从业人员年末人数/人
	教育业生产总值/万元
	教育预算支出/万元
资本	金融业生产总值/万元
	实际利用外商直接投资额/万美元
	中资银行人民币贷款余额总额/万元
	工业企业研究与试验发展经费/万元
技术	技术合同成交总额/万元
	专利申请量/件
交通	交通运输预算支出/万元
	交通运输、仓储和邮政业生产总值/万元
环境	城镇村及工矿用地/公顷
	万元地区生产总值能耗下降率/%
	林木绿化率/%

这里采用熵值法确定各要素在评价体系中的权重。熵的概念最初由热力学产生，用来度量系统状态的不稳定性。后来，熵的计算法被广泛运用于信息论当中，用来度量系统状态的无序程度。信息量越大，熵值越小，无序程度越低；信息量越小，熵值越大，无序程度越高。根据信息熵的含义，可以用熵值来计算一系列固有指标的变异程度，从而确定各指标在综合评价体系中的权重。熵值法计算过程如下：

第一步，建立数值矩阵。

$$A=\begin{Bmatrix}X_{11} & ? & X_{1m}\\ ? & ? & ?\\ X_{n1} & ? & X_{nm}\end{Bmatrix}n\times m \tag{1}$$

式（1）中，X_{nm} 表示第 n 个区域第 m 项指标的值。指标中没有负数，因此不需要进行非负化处理。

第二步，计算第 j 项指标下第 i 个区域所占的权重。

$$P_{ij}=\frac{X_{ij}}{\sum_{i=1}^{m}X_{ij}},\ j=（1,\ 2,\ \cdots,\ m） \tag{2}$$

第三步，计算第 j 项指标的熵值。

$$E_j=-K\sum_{i=1}^{m}P_{ij}\ln（P_{ij}） \tag{3}$$

第四步，计算第 j 项指标的变异系数。

$$d_j=1-E_j \tag{4}$$

第五步，确定各指标权重。

$$W_j=\frac{d_j}{\sum_{j=1}^{m}}d_j \tag{5}$$

第六步，根据各二级指标权重计算结果，分别计算各一级指标的综合权重，进而求得十六城区一级指标的得分和排名，如表 6-2 所示。

表 6-2　一级指标综合得分及排序

区域	人才		资本		技术		交通		环境	
	得分	排序	得分	排序	得分	排序	得分	排序	得分	排序
东城区	201247.48	4	6446963.41	4	435850.90	4	40758.35	6	447.23	16
西城区	247714.17	3	21613832.56	1	276718.74	5	79981.89	3	537.36	15
朝阳区	442748.99	2	8828824.49	2	863769.42	2	242249.36	2	3650.19	3
丰台区	157113.74	5	4045416.68	5	656306.25	3	44966.56	4	2069.24	8
石景山区	67636.76	11	871287.80	8	60011.54	9	7716.13	12	578.58	14
海淀区	834426.26	1	8402172.68	3	1554748.14	1	43806.17	5	2627.15	7
门头沟区	29598.94	16	262568.87	12	3847.27	15	2619.76	16	878.51	13
房山区	80361.61	10	383234.67	11	8203.29	12	15731.83	8	3354.44	4

续表

区域	人才		资本		技术		交通		环境	
	得分	排序	得分	排序	得分	排序	得分	排序	得分	排序
通州区	106256.18	9	647793.06	10	68501.79	8	11998.29	11	3283.63	5
顺义区	115839.83	8	1326748.60	6	42827.96	10	450647.47	1	3079.77	6
昌平区	119533.23	7	743238.27	9	101164.39	7	4373.68	13	3651.06	2
大兴区	153209.24	6	1274406.94	7	195940.00	6	16928.12	7	3774.13	1
怀柔区	41970.46	15	223296.79	13	21168.98	11	4003.09	14	1156.68	10
平谷区	53429.48	13	183784.61	15	1981.96	16	14759.6	9	1139.02	11
密云区	54059.23	12	213983.95	14	5062.45	14	3073.72	15	1515.76	9
延庆区	44007.71	14	92741.99	16	6039.36	13	14196.87	10	1024.25	12

根据表 6-2 的结果，对比北京十六区一级指标的得分，找出各区在五项指标排序中相对靠前的三种要素（若要素排序相同，则取排名前 8 位的要素），代表各区在五种要素中的比较优势，总结为表 6-3。

表 6-3　北京各区一级指标比较优势

比较优势	人才	资本	技术	交通	环境
东城区	√	√	√		
西城区	√	√		√	
朝阳区	√	√	√	√	
丰台区	√	√	√	√	
石景山区	√	√	√		
海淀区	√	√	√		
门头沟区		√	√		√
房山区	√			√	√
通州区	√		√		√
顺义区		√		√	√
昌平区	√		√		√
大兴区	√		√		√
怀柔区		√	√		√
平谷区	√			√	√
密云区	√				√
延庆区			√	√	√

由表6-3可知，北京十六区的要素条件不同，各区的比较优势存在明显差异。如果不考虑各区的比较优势，一味追求高精尖产业的快速发展，会造成资源的严重浪费，从而影响整体经济的可持续发展。因此，北京市高精尖产业空间布局应充分发挥各区的比较优势，突出各区的发展重点，扬长避短。

具体而言，北京市东城区、西城区、海淀区和石景山区拥有相近的优势要素，都以人才、资本和技术为主要原动力，因此适宜发展新一代信息技术、软件和信息服务、人工智能、科技服务四类产业。其中，海淀区在各要素得分中遥遥领先，因此适宜同时发展以上四类产业，发挥海淀区的强势带动作用。相比之下，东城区、西城区和石景山区基础能力稍有不足，可以选择其中个别产业优先发展。东城区和西城区属于北京的老城区和重大活动集中地，信息资源丰富，因此适宜优先发展软件和信息服务业。石景山区的数字化产业发展势头良好，信息资源优势明显，因此也适宜优先发展软件和信息产业。

朝阳区和丰台区的优势要素相同，均在人才、资本、技术和交通四个方面表现出比较优势，但是区域功能定位存在很大差异。朝阳区被称为北京市对外贸易的窗口，文化、科教、体育等产业发达，高端服务设施完善，通信设备、计算机以及其他电子设备在工业领域中占据主导地位，因此适宜发展新一代信息技术产业、软件和信息服务业及人工智能产业。丰台区的建设目标是成为北京南部的科技创新高地，新一代信息技术产业可以成为其重要突破口。丰台区在交通方面优势突出，汇聚北京西站、丰台站、丰台西站等重要交通节点，形成全国最大的铁路枢纽，因此适宜布局集成电路、新材料和智能装备产业。

门头沟区和怀柔区具有相同的优势要素，不过两区的地理位置存在差异，门头沟区紧邻中心城区，而怀柔区属于北京市远郊区域。类似的还有房山区与平谷区，房山区距中心城区较近，平谷区距中心城区较远，在进行产业布局时不能一概而论。门头沟区在资本、技术与环境方面存在优势，人才和交通方面不突出，具有悠久的采煤历史，工业化生产亟待转型，因此适宜建设大型智能装备生产基地。怀柔区地处远郊区域，多山多水，再加上怀柔影视基地建设效果甚佳，文化产业发展势头猛进，不适宜建设大型重工业生产基地，而适宜依托怀柔科学城进行基础性轻工业研发，适宜布局医药健康、节能环保产业。另外，纳米科技产业园是怀柔科学城内的三大园区之一，致力于发展纳米新材料、纳米电子、纳米制药、新型纳米检测仪器等领域，因此新材料产业应成为怀柔区产业布局的重要一环。房山区矿产资源丰富，新能源汽车产业基地已被纳入规划建设中。此外，房山区还将着力发展新型能源、稀土功能及新型显示等相关材料产业，因此新能源智能汽车产业和新材料产业适宜在此布局。再加上房山区紧邻门头沟区，易于吸收中心城区的科技成果，且地理面积较大，也可以适当发展智能装备产业。平谷区处于北京、天津与河北的交界地带，东、南、北三面环山，中间是平原，附近有首都国际机场，农业和交通要素发达，适宜发展集成电路产业，为顺义等区提供零配件支撑。

通州区、昌平区和大兴区的优势要素相同，不过需要指出的是，通州区与昌平区和大兴区的功能定位不同，通州区作为城市副中心，以行政和文化职能为主，以建设北京市综合性高端服务中心为目标，适宜优先布局软件和信息服务业与科技服务业两大高端服务行业，从而更快更好地疏解北京非首都功能。同时，新一代信息技术和人工智能产业也可以作为通州区发展的后备军，为实现智慧城市建设奠定基础。昌平区的生态林涵盖了生态涵养区近 140 个村，林木资源与水资源丰富，适宜布局节能环保产业。昌平区历来属于军畿重地，且工业矿产资源丰富，智行鸿远新能源汽车基地项目在此落户，因此适宜布局新能源智能汽车产业和相配套的智能装备产业。大兴区和昌平区的区位条件相似，新能源汽车产业基地同样在规划建设之中，因此同样适宜布局新能源智能汽车和智能装备产业。大兴区和顺义区、通州区作为北京东部重点开发的新三区，同样承担着疏解北京非首都功能的任务，例如打造东部科技创新高地，与中心城区、通州区相呼应，因此新一代信息技术产业是重点发展对象。大兴区自然环境优良，建设有大面积的生物医药基地，适宜重点布局医药健康产业，起到对市中心、副中心的后备保障作用。

顺义区具有特殊的地理优势，是北京市临空经济的核心区域，建有国内最大的航空枢纽站，具有资本、交通和环境方面的比较优势，以建设成为现代化的制造业基地为目标，其高精尖产业布局应当为首都临空经济的发展贡献力量。因此，顺义区适宜布局集成电路和新材料产业，尤其是第三代半导体、特殊性能材料等，以加强新一代航空设备的研发和生产。另外，顺义区建有现代汽车公司和北汽生产基地，在汽车产业方面优势显著，适宜加强新能源智能汽车产业的投资建设，并结合本区的要素资源和附近昌平区的生产输出适当发展相关的智能装备产业。

密云区和延庆区两地均属于北京重要的生态涵养发展区，相较于其他城区，要素条件较为落后，尚没有明确的区域功能定位。其中，密云区的比较优势主要集中在人才和环境方面，曾荣获“全国休闲农业与乡村旅游示范县”的称号，适宜利用其优良的环境条件优先发展节能环保产业。延庆区属于北京市西北部远郊区域，矿产、林木、地热、水力、风力等自然资源丰富，在技术、交通和环境方面具有比较优势，也适宜发展节能环保产业。延庆区气候冬冷夏凉，是北京著名的避暑胜地，因此还适宜布局医药健康产业，形成高水平的疗养基地。

第二节　北京高精尖产业的空间集聚及实证分析：以科技服务业为例

接下来，本节将进一步分析高精尖产业的空间集聚以及其他因素对产业自身发展的影响。一方面，厘清高精尖产业发展的影响因素；另一方面，为北京高精尖产业的空间规划提供有益的理论参考。

由于目前北京高精尖产业数据的可得性问题，这里选取科技服务业作为代表性产业进行分析。科技服务业是随着产业不断发展、分工逐渐精细化所形成的新兴业态，属于现代服务业的重要分支，以其产业关联性强、知识密集性大、产业附加值高等特点受到海内外众多国家和学者的关注。北京市作为我国丰富的科技资源聚集地，城市战略定位之一是发展成为科技创新中心，科技服务业以创新驱动的产业发展本质，与北京市打造“高精尖”产业结构体系的目标一脉相传，将成为盘活北京市各产业资源的重要突破口。2017 年，北京市发布《加快科技创新发展科技服务业的指导意见》，提出了明确的发展目标。到 2020 年，北京市要充分释放首都科技服务资源潜力，进一步提高市场化程度，基本形成结构优化、支撑有力、创新引领的科技服务体系，实现更加优化的科技服务业发展格局，达到明显增强的支撑服务能力。下面将以科技服务业为例展开具体分析。

（一）北京市科技服务业发展现状

根据《北京统计年鉴》（2013—2017）观测数据绘制图6-3，北京市科技服务业自2013年以来实现了持续增长，产业增加值由14727700万元增加到2017年的28591998万元。科技服务业对第三产业的贡献力度也在不断加强，产业增加值对第三产业的贡献率从2013年的9.60%上升到2017年的12.67%，占GDP的比率从2013年的7.44%上升到2017年的10.21%，科技服务业的支柱性地位在不断提升。从科技服务业增速来看，除2015年略低于GDP增速0.75个百分点外，其余年份都远高于GDP增长速度，尤其在2016年达到GDP增速3倍之多，但是增长速度波动性较大，说明科技服务业仍处于不稳定上升时期，但无疑成为北京市重要的经济增长点。

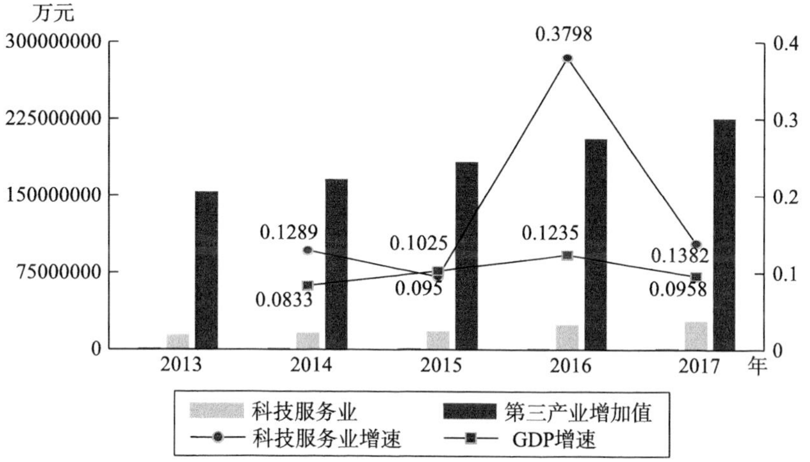

图6-3　2013—2017年北京市科技服务业、第三产业增加值及科技服务业、GDP增速

资料来源：《北京统计年鉴》。

（二）北京市科技服务业区域差异

按照国民经济行业分类标准（GB/T 4754—2017），科技服务业的统计名称为科学研究与技术服务业，北京市统计局也遵循这一规定。根据北京市各区域2017年科学研究与技术服务业增加值绘制图6-4，将北京市16个行政区域分为六个等级。如图6-4所示，海淀区产业增加值最高，其

2017 年科技服务业增加值约占全市的 38. 41%。海淀区内布局有众多知名院校，坐拥中关村自主创新产业园，汇集各界龙头企业，科研技术实力雄厚，是北京市科技服务业的领头羊。紧随其后的是朝阳区，其产业增加值约占全市的 21. 87%。朝阳区一直以来致力于建设“国际商务区”，以高端服务业作为重要抓手，较为完善的基础设施建设为产业发展创造了良好的环境，科技服务业作为实现国际化发展的重要引擎，得到了快速发展。第三梯度的有东城区、西城区和丰台区，产业增加值合计约占全市的 28. 31%。大兴区为第四梯度，产业增加值约占全市的 4. 27%，与第三梯度产业发展水平形成明显落差，产业增加值约为第三梯度各区域产业增加值的 1/2。但是，大兴区以打造东部科技创新高地为发展目标，科技服务业近年来也得到了明显发展，有望在短期发展中缩小与第三梯度的差距。第五梯度包括石景山区、门头沟区、昌平区、顺义区和通州区，五个区域产业增加值合计约为全市的 6. 17%。发展最为落后的区域包括房山区、延庆区、怀柔区、密云区和平谷区，五个区域产业增加值合计不足全市的 1%。总体来看，北京市科技服务业发展水平差距较大，前三个梯度的区域都集中在中心城区，远郊区域发展水平明显落后于中心地带，表现出明显的中心高、四周低的不平衡现象。

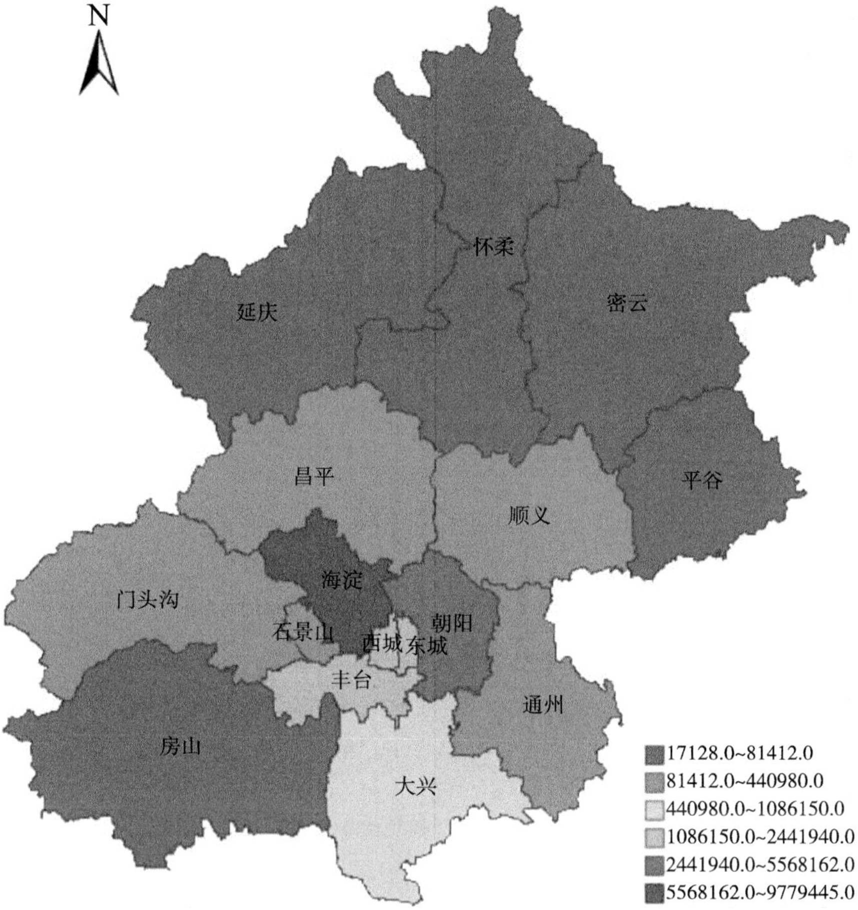

图 6-4　2017 年北京市科技服务业增加值（万元）空间分位图

资料来源：《北京统计年鉴》。

（三）北京市科技服务业空间自相关性

1. 北京市科技服务业全局空间自相关性

空间自相关性，又称为空间依赖，指的是经济变量在空间结构上的关联性，即相邻地区的属性值在空间上相互影响，表现为相互促进或相互制约。这里采用 Moran's I 指数来测度空间自相关程度。

全局 Moran's I 由莫兰在 1950 年提出，反映整个空间单元内区域间的相似性。计算公式如下：

$$I=\frac{n\sum_{i=1}^{n}\sum_{j=1}^{n}w_{ij}\ (x_i-\bar{x})\ (x_j-\bar{x})}{(\sum_{i=1}^{n}\sum_{j=1}^{n}w_{ij})\ \sum_{i=1}^{n}\ (x_i-\bar{x})^2} \tag{6}$$

$$\bar{x}=\frac{1}{n}\sum_{i=1}^{n}x_i \tag{7}$$

其中，x_i 表示区域 i 的属性值，n 表示区域总个数，w_{ij}表示空间权重矩阵系数，w 采用一阶邻近空间权重矩阵，存在公共边界的区域赋值为 1，否则为 0。标准化的 Morans' I 计算公式如下。

$$Z=\frac{1-E\ (I)}{\sqrt{VAR\ (I)}} \tag{8}$$

$$E\ (I)\ =\frac{1}{n-1} \tag{9}$$

$$VAR\ (I)\ =\frac{n^2w_1+nw_2+3w_0^2}{w_0^2\ (n^2-1)}-E^2\ (i) \tag{10}$$

$$w_o=\sum_{i=1}^{n}\sum_{j=1}^{n}w_{ij} \tag{11}$$

$$w_1=\frac{1}{2}\sum_{i=1}^{n}\sum_{j=1}^{n}\ (w_{ij}+w_{ji})^2 \tag{12}$$

$$w_2=\sum_{i=1}^{n}\sum_{j=1}^{n}\ (w_{i\cdot}+w_{\cdot j})^2 \tag{13}$$

其中，$w_{i\cdot}$和 $w_{\cdot j}$分别表示空间权重矩阵中 i 行和 j 列之和。

Moran's I 取值范围为［-1，1］，大于 0 表示正相关，越接近 1，表示相关性越大，具有相同特征的属性容易聚集（表现为高高集聚或低低集聚）；小于 0 表示负相关，越接近-1，表示集聚性越低，差异越大，具有相异特征的属性容易聚集（表现为高低集聚或低高集聚）；接近 0，表示不相关，各属性随机分布。由表 6-4 计算结果可见，北京市科学研究与技术服务业在 2013 年至 2017 年全局 Moran's I 指数始终保持在 0.1 以上，且除 2016 年以外，均通过了 10%的显著性水平检验，表示存在较高的正向空间自相关性。

表 6-4　2017 年北京市科技服务业 Morans' I 统计值

指标名称	2013 年	2014 年	2015 年	2016 年	2017 年
Morans' I 指数	0.143038	0.145898	0.143023	0.123417	0.137586

续表

指标名称	2013 年	2014 年	2015 年	2016 年	2017 年
Z 值	1.810262	1.765652	1.731006	1.636196	1.720509
P 值	0.070255	0.077454	0.083451	0.101799	0.08534

2. 北京市科技服务业局部空间自相关性

全局莫兰指数只能反映出北京市整体的产业空间自相关程度，不能反映出各行政区域之间确切的空间集聚特征，因此，运用局部 Moran's I 做进一步分析。Anselin 在 1995 年提出了局部 Moran 指数（简称 LISA 指数），反映局部空间单元内区域间的空间关联性。计算公式如下：

$$I_i = \sum w_{ij} z_i z_j \tag{14}$$

其中，z_i 和 z_j 是 Moran's I 标准化值，w_{ij}表示行标准化的空间权重矩阵系数。若 I_i与 z_i 均大于 0，则表明 i 区域及其邻近区域的观测值均高于样本平均水平，为高高集聚（H-H）；若 I_i大于 0 且 z_i 小于 0，表明 i 区域及其邻近区域的观测值均低于样本平均水平，为低低集聚（L-L）；若 I_i小于 0 且 z_i 大于 0，表明区域 i 的观测值远高于其邻近区域的观测值，为高低集聚（H-L）；若 I_i和 z_i 均小于 0，表明区域 i 的观测值远低于其邻近区域的观测值，为低高集聚（L-H）。

Moran 散点图常用来分析地理单元的局部空间自相关特征。图 6-5 中第一和第三象限表示地理单元属性值存在正空间相关性，第二和第四象限表示存在负空间相关性。第一象限代表高高集聚，第二象限代表低高集聚，第三象限代表低低集聚，第四象限代表高低集聚。图中，存在于第一象限的有海淀区、朝阳区、丰台区、东城区、西城区，存在于第二象限的有石景山区、昌平区、门头沟区、通州区、大兴区，存在于第三象限的有房山区、顺义区、怀柔区、密云区、平谷区、延庆区。由散点图可知，北京市科技服务业主要呈现出高高、低高和低低三种集聚状态，且三种集聚状态下的区域数量基本持平，处于高高集聚状态的区域均位于中心城区，处于低高集聚状态的区域均位于中心城区周围，而处于低低集聚状态的区域都是距离中心城区较远的远郊区域。北京市科技服务业集聚状态基本上与各区域发展水平相对应，整体上呈现出由中心城区向四周梯度递减的状态，存在很强的辐射带动优势。

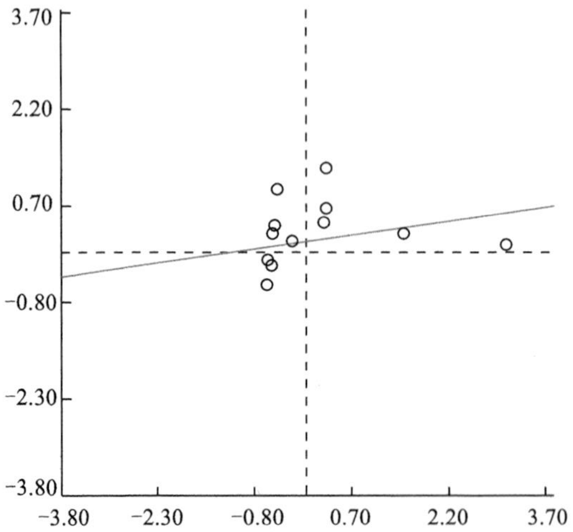

图 6-5　2017 年北京市科技服务业增加值 Moran 散点图

LISA 集聚地图是运用 Geoda 软件，基于 rook 邻接矩阵绘制而成的，用不同颜色表示不同的空间自相关类型，彩色表示自相关显著区域，灰色表示自相关不显著区域。如图 6-6 所示，朝阳区、海淀区、西城区和丰台区均表现为显著的高高集聚特征，说明以上四个区域不仅自身发展水平高，其邻近区域的发展程度也高于平均水平，且四个区域集中于中心城区，具有很强的辐射带动潜力。怀柔区和密云区呈现出显著的低低集聚特征，说明这两个区域及其邻近区域的发展水平均显著较低，且这两个区域距离中心城区较远，受到中心城区的辐射作用较小。然而，怀柔科学城的建设规划在 2016 年已被正式列入北京加强全国科技创新中心建设的总体方案当中，同年在《怀柔科学城建设发展规划（2016—2020 年）》（京政办发〔2016〕53 号）中又进一步做出了明确指示，力图将怀柔打造成为大科学、高水平的科技创新高地，目前虽然科技服务业发展滞后，但是将来有望成为新的科技增长点，打破低低集聚的空间桎梏，带动周边区域科技服务业增长。

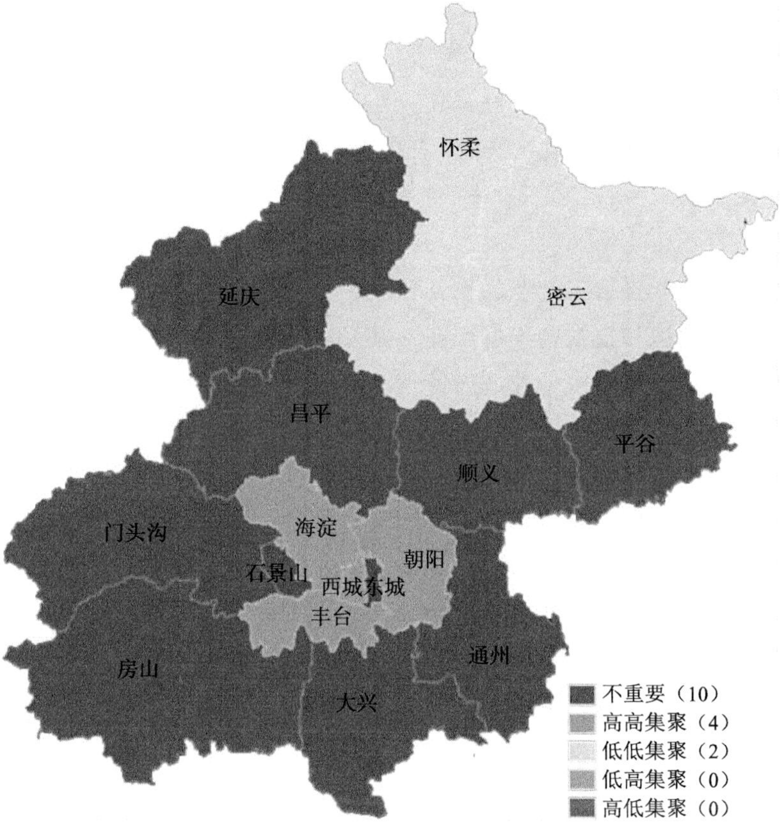

图 6-6　2017 年北京市科技服务业年收入 LISA 集聚图

（四）北京市科技服务业影响因素的实证分析

为进一步推动北京市科技服务业区域协同发展，打造高精尖科技服务体系，接下来对北京市科技服务业的关键影响因素的作用进行分析。

1. 构建方程

北京市科技服务业空间自相关性的存在容易导致传统计量模型出现偏误，因此构建空间计量模型进行分析。常用的空间计量模型包括空间滞后模型和空间误差模型，前者包含内生交互效应，后者包含误差项之间的交互效应。表达式如下。

空间滞后模型：

$$y = \rho w y + X\beta + \varepsilon \tag{15}$$

空间误差模型：

$$y = X\beta + u, \quad u = \lambda W u + \varepsilon \tag{16}$$

其中，y 表示被解释变量，X 表示解释变量，ρ 为空间自回归系数；W 表示空间权重矩阵，此处仍然采用一阶邻近空间权重矩阵；β 表示自变量回归系数向量，ε 表示误差项，u 表示包含空间自相关的误差项，λ 表示空间自相关系数。

2. 变量选取

科技服务业是第三产业的重要分支，为各行各业提供科技服务，同时又是典型的知识和技术密集型产业，其发展受到多种因素的共同作用。这里以科学研究与技术服务业增加值作为被解释变量，选取以下七种影响因素作为解释变量。

第一，经济发展水平。科学研究与技术服务业是经济发展达到一定水平的产物，经济发展水平是其发展的重要基础，对其发展起到重要的推动作用，此处采用地区生产总值来衡量。

第二，政府行为。政府行为在一定程度上成为科技服务业发展所不可或缺的重要力量，科技服务业存在很强的知识外溢型特征，企业出于自身发展的原因，在科学技术与研究方面往往存在较大的局限性，政府的支持将始终成为推动科技进步的主要推手，这里采用一般公共预算支出中的科学技术支出来衡量政府行为。

第三，人力资本。科技服务业以知识产权为发展根本，人的主观能动性成为产业发展必不可少的因素，因此，人才是科技服务业发展的核心要素。由于难以获取北京市各区域科技服务业从业人员的数据，此处采用一般公共预算支出中的教育支出作为统计指标。

第四，科技实力。科技实力既是科技服务业得到发展的证明，也是科技服务业不断发展的保证，此处使用技术合同成交总额进行衡量。

第五，创新能力。创新能力是科学研究与技术服务业成长的动力所在，只有不断提高创新能力，才能不断提高服务水平。创新水平一般用专利申请量和专利授权量来衡量，为了突出创新的实际成果，此处使用专利授权量来衡量。

第六，对外开放程度。对外开放有利于科技服务业吸引外资，扩大国际市场，吸收国外先进的科技成果和实践经验，对于产业发展存在一定的影响，这里使用实际利用外商直接投资额来衡量对外开放程度。

第七，研发投入。研发投入水平也是影响科技服务业发展的关键因素，研发环节是科技成果实现的先行阶段，是科技研究能否顺利开展的决定性环节。研究与开发属于科技服务业的重要内容，由于难以获取科技服务业相对应的研究与实验发展经费数据，此处运用规模以上工业企业研究与实验发展经费来代替，科技服务业的服务对象包括个人和企业，工业研究与开发服务虽然不完全属于科技服务业的范畴，但是仍然存在较大的重叠部分。

相关统计数据均来源于 2017 年《北京区域统计年鉴》，为避免异方差的影响，对解释变量与被解释变量均进行对数化处理。

表 6-5　北京市科技服务业影响因素

影响因素	变量符号	统计指标	单位
经济发展水平	X_1	地区生产总值	万元
政府行为	X_2	科学技术公共预算支出	万元
人力资本	X_3	教育公共预算支出	万元
科技实力	X_4	技术合同成交总额	万元
创新能力	X_5	专利授权量	件
对外开放程度	X_6	实际利用外商直接投资额	万元
研发投入	X_7	规模以上工业企业研究与实验发展经费	万元

3. 实证检验与结果

通过 LM 检验和稳健 LM 检验来判断采用哪种模型估计最为合适，结果如表 6-6 所示。比较传统 LM 检验结果，空间滞后模型通过了 1%的显著性水平检验，空间误差模型没有通过。稳健 LM 检验结果显示，空间滞后模型的显著性水平同样远高于空间误差模型，因此，采用空间滞后模型分析该问题更为恰当。

表 6-6　LM 与稳健 LM 检验

检验类型	检验值	P 值
LM-Lag	14. 1618	0. 000
Robust LM-Lag	11. 5038	0. 001
LM-Error	2. 6805	0. 102

续表

检验类型	检验值	P 值
Robust LM-Error	0. 0226	0. 881

表 6-7 展示了普通最小二乘估计（OLS）、空间滞后（SAR）和空间误差（SEM）三种模型的估计结果。由于受到空间因素的影响，传统的拟合优度值并不能反映模型的实际估计好坏，可以根据似然函数值（Log-L）进行比较，该值越大，表明模型的拟合效果越好。由回归结果可知，无论采用空间滞后模型还是空间误差模型，其解释变量的显著性均显著高于传统的最小二乘估计模型，且似然函数值也均有显著提高。因此，有必要对包含空间因素的估计模型进行详细分析。

表 6-7　实证估计结果

变量	OLS	SAR	SEM
C	-1. 2186	—	—
X_1	1. 1982 *	0. 5524 *	0. 9105 ***
X_2	-0. 0727	0. 2034 *	0. 2582 ***
X_3	-0. 7212	-0. 7282 ***	-0. 3703 *
X_4	0. 1515	0. 0957	0. 1026 *
X_5	0. 6830	0. 7538 ***	0. 2641 *
X_6	-0. 2434	-0. 1929 *	-0. 1463 ***
X_7	0. 0043	0. 0559	0. 0404
ρ 或 λ	—	0. 4170 ***	0. 9790 ***
σ^2	0. 3843	0. 0811	0. 0388
R^2	0. 9459	0. 9699	0. 9891
$corr^2$	0. 8985	0. 9498	0. 9818
$log-L$	-9. 5595	2. 5779	4. 2646

注：*、***分别表示 10%、1%的显著性水平。

这里重点分析空间滞后模型的回归结果。其中，经济发展水平、政府行为与创新能力对北京市科技服务业空间发展均表现出显著的促进作用，人力资本和对外开放程度表现出显著的抑制作用。从各区域的产业发展状况来看，经济水平较高的中心城区的科技服务业发展水平也较高，而经济水平较低的远郊区域的科技服务业发展水平也较低。由此可见，经济发展水平是科技服务业发展的基石，中心城区只有带动周边区域提高经济增长水平，才能够进一步促进周边区域科技服务业的发展，发展水平较低的区域也只有加快经济增长速度，才能够跟上高水平区域科技服务业的发展步伐。再者，政府行为有力地推动了科技服务业的发展，回归结果表明，北京市科学技术公共预算支出对于科技服务业发展的促进作用明显。北京市先后推出了多项鼓励科技服务业发展的政策，无疑对各区科技服务业的发展起到了引导和促进作用。另外，北京市作为科技创新高地，专利成果显著，回归系数通过了1%显著性水平检验，且数值在所有回归系数中最大，表明创新能力的提升已成为推动北京市科技服务业空间发展影响力最大的因素。人力资本回归系数在1%的显著性水平下显著为负，可能的原因为专业人才缺乏、人才分布不均、人才区域流动性大等。科技服务业由多个细分产业融合而成，又服务于各行各业，依靠专业知识和技术发展壮大，对于专业人才的要求较高，尤其需要高水平复合型人才。北京市当前的教育投入可能并未适应科技服务业发展的人才需求，因此可能在一定程度上阻碍了科技服务业增加值的提高。对外开放程度也同样显示出显著的负向影响，一方面表明外资企业可能把附加值较低的科技服务环节布局在北京，另一方面的可能性为北京市科技服务业并未有效利用外商资本的支持来实现自身的发展。

另外，空间自回归系数在1%的显著性水平下显著为正，说明空间滞后因子对北京市科技服务业形成显著的正向影响，即邻近区域的科技服务业产值每提高1%，将会促进本区域科技服务业增加0.4170%。空间因子的正向作用显著，表明科技服务业整体处于良好的发展业态，区域间形成相互促进的能动体系，有利于各区域协同发展，共同营造可持续发展的良好局面。然而，各区域间目前仍然存在很大的发展差距，空间相互促进作用有待进一步加强，区域间的协同发展可能需要多种因素的共同作用。

由以上的实证分析可知，北京市科技服务业空间自相关性较高，呈现出由中心集聚地向四周扩散的良好态势，各区域间整体上形成相互促进的局面，经济水平、政府行为和创新能力对北京市科技服务业有显著的正向影响。

以科技服务业为例分析北京高精尖产业空间分布的影响因素，可以为北京高精尖产业的进一步发展提供政策参考。第一，在空间布局上构建多层次、协同发展的高精尖产业体系，积极进行产业结构调整，依据产业空间分布关系和各个城区自身比较优势合理布局高精尖产业；第二，北京市远郊区域经济发展水平落后，与中心城区形成较大的经济落差，在产业方面也容易造成发展脱节的现象，因此要提高落后区域的经济发展水平，以更好地对接高精尖产业发展；第三，北京市拥有较强的科技创新实力，对于科技服务业的发展起着积极的导向作用，北京市应当继续利用好这一优势，引导科技创新在高精尖产业发展中发挥出更大的价值；第四，保证市场在科技资源配置中的基础性作用，同时充分发挥政府在科技资源配置中的引导性作用，促进科技资源的合理配置，避免重复和浪费；第五，随着科学技术不断更新换代，产业发展对于人才的要求越来越高，为了解决高精尖产业的人才需求问题，应发挥高等院校和专业机构对人才的培育作用，与此同时，合理引导人力资源的流动，促进人才资源流向高精尖产业；第六，以开放促发展，实现多层次、全方位的对外开放，不仅要利用好国外资本、技术和人才，同时也要推动国内市场向海外拓展，以竞争的压力和更广阔的市场促进高精尖产业的发展。

第七章　北京高精尖产业发展面临的挑战与建议

第一节　北京高精尖产业发展面临的主要挑战

一、高精尖产业规模有待提升

北京作为我国首都，是国内经济发展水平相对较高的城市，但与发达国家中的典型世界城市相比仍有较大差距，这种差距既反映在地区生产总值上，也反映在城市产业发展上。从地区生产总值来看，各世界城市的地区生产总值一直以来远高于北京，尽管北京在近年中已经取得了较快的发展，但 2018 年纽约的地区生产总值仍高出北京两倍以上，说明北京在城市经济社会发展方面仍有较大的提升空间。从城市产业发展来看，北京的高端产业发展仍然较弱，单纯看北京市三次产业结构的话，北京市已经体现出较为明显的产业结构高级化和服务化特征，但若从产业内部细分考察，北京市的先进制造业和现代服务业比重仍可进一步提升，尤其是其中的高端环节比重在国内并不具备明显优势，与国际先进城市相比更是差距较大，例如北京高技术制造业主营业务收入和利润总额占全国的比重近年来都呈现下降趋势，北京市高技术制造业增加值率远低于国际先进水平。这种产业发展差距同样体现在高精尖产业的发展上，相比之下，北京市高精尖产业在规模和比重上均有待提升，2016 年北京市高精尖制造业产值 5420 亿元，占全市制造业产值的比重仅为 40%，仍有较大空间。高精尖制造业人均产值 141 万元，高于全市制造业人均产值，但低于国际先进水平。

二、产业关联和产业融合程度不足

当前北京市各产业之间的关联性较弱，尤其体现在第二产业和第三产业之间缺乏足够的互动，产业融合发展程度不足，未能达到产业之间互促互进的效果。首先，北京市很难依靠自身制造业带动服务业发展，北京市产业结构已经高度服务化，现代制造业规模相对较小，导致北京市现代服务业依靠自身制造业带动发展并不现实，需要充分利用周边地区制造业进行跨区联动。其次，北京市现代服务业缺乏专业化的服务分工体系，与现代制造业融合发展程度不足，尤其表现为生产性服务业无法满足现代制造业的专业化服务需求，尽管北京市的生产性服务业在国内发展较快，汇聚了相当可观的优势资源，但仍然缺乏与产业前、后相关联的专业化服务，服务业内部同质化发展现象严重，缺乏核心服务能力。最后，北京市内部区域之间以及北京市与周边地区的产业联动发展不足，这也是北京市产业关联不足的重要原因。一方面，北京市内部各区域愈加呈现出制造业和服务业独立发展的现象，制造业纷纷迁至北京市远郊区县，而服务业却过度集中于核心城区，两者发展相互脱节；另一方面，北京市与周边地区的经济联系不够紧密，导致北京市相对发达的服务业未能与周边地区的制造业形成有效互动，不利于京津冀地区未来的协同发展。

三、产业科研创新能力有待提高

北京高精尖产业的科研创新能力也有待提高。以高技术制造业为例，北京市的专利申请从 2012 年开始在绝对数量和占全国比重上都呈现下降趋势，这说明北京高技术制造业近年的创新情况并不理想，创新速度慢于我国其他发达省市。与北京产业内部结构高端环节比重不足相对应的是北京高精尖产业在核心技术方面非常欠缺，因此产业关键环节控制在发达国家手中，例如电子信息行业“缺核少芯”，在集成电路行业、集成电路设计、核心装备制造等方面受制于人，再如新能源汽车行业在电池方面也非常依赖于国外的电池材料技术。北京高精尖产业方面既缺乏足够影响全球的技术创新成果，也缺乏具有国际竞争力的创新领军型企业，如在电子、装备、环保等产业缺少具有核心竞争力的大型企业，由于中小型企业往往不具备开展大规模研发投入的能力，大型龙头企业的缺失就限制了产业竞争力的进一步提升。北京高精尖产业内部的中小型企业创新活力也未得到充分的发挥，表现为缺乏完善的高技术产业技术创新体系，未能形成专业化分工协作的全产业链条，因此很多中小型企业都是“自给自足”的“全能型”企业，造成了企业同质化发展、专业协作配套水平低、产品批量过小、市场过度竞争等问题。

四、科研成果的产业化能力较弱

北京高精尖产业发展除了科研创新能力有待提高之外，已有科研成果的产业化能力也较弱。造成这一现象的重要原因在于政产学研对接不足，尽管北京科教资源丰富，拥有58所普通本科学校和数量众多的科研机构，专利数量规模较大，但成果转化的比重很低。政产学研对接不足尤其体现在北京各科研创新主体的资金来源结构上。一方面，企业研发投入和成果产业化的资金以自筹资金和政府资助为主，在新兴产业创新方面缺少风险投资资金及相关支持机制，导致新兴产业相关企业资金来源非常单一，无法通过风险投资、国外融资和民间筹措等方式实现资金来源的多元化，尤其在成果产业化方面，企业大多数情况下只能依靠自筹资金来进行；另一方面，高等院校的科研经费主要来自政府的资金，来自企业的资金占全部经费的比重低于全国平均水平，说明北京高等院校与企业合作不够紧密，这部分经费多用于基础研究和应用研究，但未能很好地支持科研成果转化为实际产品。此外，从科技成果的流向还能看出，北京科技成果并非主要留在京津冀地区，甚至在一些年份流向长三角地区的技术合同数目还高于京津冀地区，说明京津冀区域内部技术承接能力不强，不能有效消化这些科技成果，这也是北京与周边地区产业关联性较弱和对其带动效应不强的原因之一。

五、规划引导和配套建设仍须加强

当前北京市发展高精尖产业仍须进一步加强规划引导工作，切实落实高精尖产业在北京市内部各区的分工布局。当前北京市产业发展主要集中于产业园区内部，呈现出集聚发展的趋势，但如前文所述，高精尖产业发展尚未形成联动性和协同性，除了企业与企业之间相对独立发展之外，各个产业园区之间也缺乏分工合作。产业园区吸引企业入驻时缺乏事前规划，导致园区内部配套率较低，企业之间缺乏联系和互动，同一园区内的企业各自独立发展，既不利于形成核心技术和龙头企业，也难以产生知识外溢、技术扩散和协同创新等外溢效应。长期以来，北京各个产业园区的发展定位不够清晰，存在多个产业园区的重点发展产业同一化的现象，特色化和差异化发展不足，导致各个园区都存在低水平重复建设和同质化无序竞争，北京市拥有的各种优势资源要素未得到充分合理利用。在加强规划引导的同时，相应的保障机制和配套设施也存在不足，保障机制方面主要在于高精尖产业的资金来源渠道有待拓宽，以及信息交流平台等促进协调沟通的相关机制比较欠缺，配套设施方面主要在于远郊区县产业园区的配套基础设施建设相对不足，难以形成较强的人才集聚效应。

第二节　促进北京高精尖产业发展的几点建议

一、强化高等院校和科研院所的科研创新能力

北京聚集了全国大量的科研创新优质资源，拥有数目众多的高等院校和科研院所，北京要发展“高精尖”产业，离不开这些高等院校和科研院所的基础研究和应用研究，它们是产业创新体系中的重要供给来源。首先，在高等院校和科研院所的科研创新活动管理方面，应不断完善治理机制、健全激励机制，充分激发创新活力；其次，各高等院校和科研院所可结合自身发展特色，在高精尖产业领域积极探索与其科研创新相适应的科研体制改革，争取形成供相关行业领域借鉴的可复制推广经验；再次，鼓励高等院校和科研院所建立科研平台、中试基地等创新平台，充分实现科技资源的开放共享、成果转移以及产业化对接；最后，还须进一步加强与国内其他科研优势区域的合作，促进科技成果的相互转移和产业化对接，充分发挥全国科技创新中心作用，带动全国科技创新发展。

二、提升企业的研发活力与产业化能力

企业是高精尖产业研发创新的另一个重要主体，更是科研成果转化的主体，相关领域的大、中、小企业应充分发挥自身优势，不断提升自身研

发活力和产业化能力。首先，对于大企业，应充分发挥其引领作用，形成完善的产业配套体系，适当鼓励企业并购，尤其针对重点行业的产业链高端环节进行并购，促进形成重点行业龙头企业，利用其规模优势进行中小企业难以展开的技术研发，同时发挥其规模经济效应，重点主导科研成果的产业化发展；其次，对于中小企业，应借鉴国外经验，充分发挥其灵活性特点，调动其参与科学技术研发的积极性，形成与大企业相互配套、功能互补的发展格局，打造协同创新体系；再次，落实创新创业政策，培育创客空间等微孵化主体，激活大学生创业和小微企业创业，不断为整个科研创新体系注入新鲜血液；最后，为加强大、中、小企业之间的合作，应打造包含大企业以及中小企业在内的产业技术创新联盟，形成重点行业内部的产业技术创新体系，同时推进企业联盟与高等院校和科研院所的产学研合作。

三、促进创新主体的开放式发展

除了利用好北京和全国的科技创新资源外，还应充分利用全球的科技创新资源，促进创新主体的开放式发展，形成开放式创新模式。首先，要创新研发组织，促进合同研发组织和专业研发外包企业做大做强，既承接全球研发外包，也帮助本土企业进行研发外包，全面嵌入全球研发创新网络；其次，吸引跨国公司在北京建立研发机构，充分发挥其知识外溢和示范效应等积极的外部性影响，加强在京跨国公司与本土企业的产业创新关联；最后，根据已有文献资料，可对国外科技创新体系的构成进行深入调研，结合我国国情和北京现实，充分借鉴和吸收国外构建科技创新体系的宝贵经验。

四、加强顶层设计与布局规划

贯彻落实北京高精尖产业发展的相关文件，对各个产业发展路径进行深入研究，对各个园区的发展重点进行改革落实，充分发挥政府的能动性，积极引导产业有序发展，避免重复建设和无序竞争等问题。首先，北京发展高精尖产业是一项长期任务，应针对十大高精尖产业的每一个产业进行深入研究，明确其产业领域特征、产业链特征、组织机制特征、服务模式特征、发展模式特征等，充分借鉴国外相关产业发展经验，并结合国家及北京实际情况，细化各个产业的发展路线，还应及时跟进相关产业在全球范围的最新发展动向，做到与时俱进，根据新趋势不断完善产业发展配套机制，为该产业健康发展保驾护航；其次，针对北京各区县不同的产业园区，北京高精尖产业发展的最新文件已明确了不同区域和不同园区的产业发展重点，未来应加强对园区发展的监督和引导，确保各个园区落实差异化发展和集聚发展，避免各区县和各园区的重复建设；最后，针对同一产业内部的企业，应强化各行业的专业化发展，积极发挥引导作用，解决众多中小企业“小而全”且“不专不精”的发展问题，避免企业同质化发展导致的过度竞争。

五、鼓励跨产业融合发展

在引导产业间融合发展方面，既要在制造业内部各产业之间协同分工，更要促进制造业与服务业融合发展。首先，促进相关制造业形成制造业产业链、产业集群和创新网络，尤其是北京具有比较优势的汽车产业、电子信息产业和高端装备制造业等产业，向上游和下游延伸产业链条，鼓励相关企业开展专业化分工协作，补全缺失的必要环节，以产业联盟等形式充分发挥企业联动发展的优势，形成有竞争力的产业集群，建立和完善产业研发生产平台，加快核心技术的研发突破，打造产业创新网络；其次，加快服务业与制造业融合发展，以现代服务业促进制造业发展，充分发挥生产性服务业尤其是科技服务业的作用，推进制造业生产机制和组织模式创新，进一步加速现代服务业在制造业研发、设计、融资、管理、物流、销售等环节的渗透，加强对生产性服务业发展规划的引导，打造具有较强专业性的高端生产性服务业。

六、促进跨区域协同合作

产业的融合与协同发展不仅针对北京市内部，还要扩展到整个京津冀地区，进一步引导跨区域协同合作。首先，明确京津冀地区在产业协同发展的定位。北京应充分发挥全国科技创新中心的作用，强化北京自主研发创新能力，北京在打造全国科技创新中心的同时，还应成为全国创新成果交易中心；天津重点提升应用型技术研发与转化能力，打造先进制造业的研发基地和产业聚集区；河北则重点提升创新成果转化与应用能力，承接北京和天津的创新成果，利用创新成果充分实现传统产业改造升级和新兴工业化发展。其次，建立跨区域协调机构和机制，借鉴发达国家的都市圈发展经验，如美国通过立法专门设立大都市区规划组织的做法，实现跨区域合作，打破以省域划分的市场壁垒，构建京津冀新型产业分工格局。最后，还应实现京津冀区域内部的要素流动自由化，健全京津冀之间要素自由流动和科研成果共享的机制，尤其要推动创新要素向需求更为迫切的河北转移，提高河北的创新成果承接能力，进而有效促进技术转移和产业转化，最终形成跨区域的产业链和创新链。

七、健全高精尖产业发展保障机制

为促进北京高精尖产业发展，还应健全高精尖产业发展所需的金融、人才、知识产权等保障机制。首先，构建适合高精尖产业发展的科技创新金融体系，设立科技成果转化引导基金，带动社会资本支持科技成果在区域内快速转化和产业化；建立健全科技创新投融资机制，不断完善科技金融合作平台，发展天使投资、风险投资和互联网金融业，构建多功能、多层次的金融服务体系。其次，应着力提升北京高精尖产业的人力资本结构，培育复合型的专业人才，发挥高等院校对专业人才的培育作用，重视高精尖产业从业人员的知识技能培训，制定人才政策引导人力资源的流动和集聚，促进关键核心领域的国内外人才交流和人才引进。最后，须加大高精尖产业的知识产权保护力度，因为高精尖产业具有特殊性，其发展往往对知识产权保护的依赖程度较高，尤其对于生物医药行业这种研发密度高但模仿成本低的行业，更须重点加大知识产权保护力度。

参考文献

[1] Romer P M. Endogenous Technological Change [J]. Journal of Political Economy, 1990 (10): 71-102.

[2] Grossman G, Helpman E. Innovation and Growth in the Global Economy [M]. Cambridge: MIT Press, 1991: 56.

[3] Choi B R. High - Technology Development in Regional Economic Growth [M]. Aldershot: Ashgate Publishing Company, 2003.

[4] Fox K J, Connolly E. The Impact of High-Tech Capital on Productivity: Evidence from Australia [J]. Economic Inquiry, 2006, 44 (1): 50-68.

[5] 赵玉林，魏芳. 高技术产业发展对经济增长带动作用的实证分析 [J]. 数量经济技术经济研究，2006，23 (6): 44-54.

[6] 刘定平，陈云. 中国高技术产业的贡献测算与启示 [J]. 中州学刊，2007 (1): 49-52.

[7] 李伟华，周立群. 高技术产业对经济发展的关联性分析——基于灰色关联的实证研究 [J]. 学术论坛，2015，38 (1): 40-44.

[8] 李海超，王美东. 高技术产业对城市群经济增长的带动作用研究 [J]. 科学学研究，2019，37 (6): 1006-1012，1021.

[9] 金碚. 高技术在中国产业发展中的地位和作用 [J]. 中国工业经济，2003 (12): 5-10.

[10] 王敏，辜胜阻. 我国高技术产业的关联效应研究 [J]. 软科学，2015，29 (10): 1-5.

[11] 孙喜. 传统产业高技术化过程的替代性逻辑——以车用柴油机技术进步为例 [J]. 科学学研究，2013，31 (7): 998-1005.

[12] 李邃，江可申. 高技术产业科技能力与产业结构优化升级 [J]. 科研管理，2011，32 (2): 44-51.

[13] Hauknes J, Knell M. Embodied Knowledge and Sectoral Linkages: An Input-output Approach to the Interaction of High- and Low-tech Industries [J]. Research Policy, 2009, 38 (3): 459-469.

[14] 吕承超，商圆月. 高技术产业创新驱动了中低技术产业——基于创新驱动机制的实证检验 [J]. 产业组织评论，2018，12 (3): 96-125.

[15] Buckley P J, Wang C, Clegg J. The Impact of Foreign Ownership, Local Ownership and Industry Characteristics on Spillover Benefits from Foreign Direct Investment in China [J]. International Business Review, 2007, 16 (2): 142-158.

[16] 吴飞飞，谢众. 制度环境影响中国高技术产业发展的门槛效应分析 [J]. 中南大学学报（社会科学版），2019，25 (3): 96-104.

[17] 刘艳春，陈晨，孙凯. 金融发展促进高技术产业创新绩效分析——基于价值链视角下的空间计量研究 [J]. 技术经济与管理研究，2017 (12): 78-83.

[18] 熊璞，李超民. 财税政策对高技术产业发展的支持效应研究——来自浙江省的经验证据 [J]. 税收经济研究，2019，24 (2): 10-17.

[19] 郑世林，刘和旺. 中国政府推动高技术产业化投资效果的实证研究 [J]. 数量经济技术经济研究，2013 (7): 66-80.

[20] 杨守云，赵鑫. 产业集聚：我国高技术产业发展的推动力 [J]. 学术交流，2019 (5): 94-103.

[21] 王燕，王志强，刘伯凡. 生产性服务业发展、研发集聚与高技术产业研发效率——基于随机前沿模型的实证研究 [J]. 软科学，2018，32 (3): 1-4.

[22] 魏新颖，王宏伟. 信息化对高技术产业全要素生产率的影响分析——基于面板门限回归模型的实证研究 [J]. 统计与信息论坛，2017，32 (12): 34-41.

[23] 曾晓凤，王明亮. FDI 与我国高技术产业技术创新关系研究——基于 2005—2014 年省际面板数据 [J]. 科技和产业，2018，18 (1): 42-45.

[24] 陈玲，薛澜. 中国高技术产业在国际分工中的地位及产业升级：

以集成电路产业为例［J］. 中国软科学，2010（6）：36-46.

［25］赵云毅，赵坚. 新产业革命推动城市空间资源再配置［J］. 经济与管理研究，2019（9）：68-78.

［26］姜永玲，史占中，赵子健. 基于投入产出分析的高技术产业关联作用研究［J］. 管理现代化，2014，34（5）：16-18.

［27］Webber A F. The Growth of Cities in the Nineteenth Century：A Study in Statistics［M］. New York：The Macmillan Co.，1899，reprinted 1967：46.

［28］史宇宏. 论第四次产业革命对中国城市化进程的影响［J］. 青海社会科学，2018（1）：79-87.

［29］姚洋. 中性政府：对转型期中国经济成功的一个解释［J］. 经济评论，2009（3）：5-13.

［30］崔颖. 新产业革命推动智慧城市产业增长与变革［J］. 世界电信，2014（6）：28-33.

［31］赵大鹏，张锐昕. 基于战略管理理论的智慧城市建设过程管理模式研究［J］. 电子政务，2012（11）：49-53.

［32］Alamá-Sabater L，Artal-Tur A，Navarro-Azorín J M. Industrial location，Spatial Discrete Choice Models and the Need to Account for Neighbourhood Effects［J］. The Annals of Regional Science，2011，47（2）：393-418.

［33］Alkay E，Hewings G J D. The Determinants of Agglomeration for the Manufacturing Sector in the Istanbul Metropolitan Area［J］. The Annals of Regional Science，2012，48（1）：225-245.

［34］Espa G，Arbia G，Giuliani D. Conditional versus Unconditional Industrial Agglomeration：Disentangling Spatial Dependence and Spatial Heterogeneity in the Analysis of ICT Firms' Distribution in Milan［J］. Journal of Geographical Systems，2013，15（1）：31-50.

［35］胡燕燕，曹卫东，黄琪，等. 合肥市物流空间区位特征与形成机理［J］. 地域研究与开发，2016，35（3）：58-63.

［36］陶娅娜. 金融空间分布与产业布局研究——兼论对京津冀协同发展的启示［J］. 金融与经济，2018（12）：13-19.

［37］王丹，刘大千，卢艳丽. 长春市制造业企业空间分布特征研究［J］. 现代城市研究，2016（1）：96-101.

［38］张艳芳，刘治彦. 基于 Urbansim 优化提升首都核心功能的动态模拟研究——以战略性新兴产业为例［J］. 中国流通经济，2018，32（10）：121-128.

［39］祝汉收，刘春霞，李月臣. 重庆市战略性新兴产业空间集聚测度及时空演变分析［J］. 重庆师范大学学报（自然科学版），2018，35（5）：63-71.

［40］张琳彦. 基于空间自相关的中国战略性新兴产业布局分析［J］. 统计与决策，2015（13）：139-142.

［41］韩跃，周霞. 北京市战略性新兴产业空间分布研究［J］. 商业时代，2014（19）：114-115.

［42］高丽娜，卫平. 中国高端制造业空间结构变动的实证研究：2003—2009［J］. 工业技术经济，2012，31（1）：84-91.

［43］徐斌. 昌九战略性新兴产业对接长江经济带协同发展研究［J］. 江西社会科学，2015，35（11）：68-72.

［44］王宏起，苏红岩，武建龙. 战略性新兴产业空间布局方法及其应用研究［J］. 中国科技论坛，2013（4）：28-34.

［45］Anselin L . Local Indicators of Spatial Association—LISA［J］. Geographical Analysis，1995，27（2）：93-115.

［46］代茂兵. 北京市"高精尖"产业结构的驱动机制分析［J］. 中国商论，2019（15）：208-209.

［47］吴爱芝. 北京"高精尖"产业发展的现状与对策研究［J］. 北京教育（高教），2019（5）：81-83.

［48］邓丽姝. 北京高精尖产业体系建设浅析［J］. 前线，2019（3）：60-62.

［49］许泽玮. 不断壮大高精尖产业　持续改善营商环境［J］. 北京人大，2019（2）：64.

［50］杨正一，张杰. 北京市"高精尖"产业集聚水平及效应研究［J］. 经营与管理，2019（1）：78-82.

［51］张杰. 首都高精尖产业体系与减量发展［J］. 北京工商大学学报

（社会科学版），2018，33（6）：1-9.

［52］贾晓俊. 北京“高精尖”产业亟须财税政策支持［J］. 人民论坛，2018（16）：120-121.

［53］卜文娟. 北京：以科技创新引领高精尖产业发展［J］. 中国战略新兴产业，2018（9）：32-33.

［54］叶弈. 北京构建十大高精尖产业［J］. 科技智囊，2018（2）：34-37.

［55］王玉海，田建国，聂梅，等. 北京市构建“高精尖”经济结构的提出背景、作用定位及其内涵界定研究［J］. 领导之友，2017（23）：51-59.

［56］李柏峰. 新常态下北京构建“高精尖”经济结构的对策建议［J］. 北京经济管理职业学院学报，2016，31（4）：22-25+31.

［57］唐建国. 北京加快发展高精尖产业的路径机制研究［J］. 前线，2016（12）：97-99.

［58］孙锐. “高精尖”人才需要什么样的制度土壤［J］. 党政视野，2016（10）：57.

［59］北京生产性服务业发展瞄准高精尖［J］. 领导决策信息，2016（32）：15.

［60］田新民，胡颖. 以供给侧结构性改革推进“高精尖”产业结构的构建——以北京市为例［J］. 经济与管理研究，2016，37（8）：32-42.

［61］何佳艳. 北京构建“高精尖”经济结构［J］. 投资北京，2016（8）：34-36.

［62］孙奇茹，曹政. 创新引领，打造“高精尖”经济结构［J］. 科技智囊，2016（6）：41-44.

［63］白素霞，何弘毅. 对北京市构建“高精尖”经济结构的思考——以海淀区为例［J］. 中国经贸导刊，2016（9）：74-75.

［64］袁云儿. 高精尖产业将引领北京创造［J］. 科技智囊，2016（1）：36-37.

［65］卢彦. 疏解非首都功能　构建“高精尖”产业［J］. 中国经贸导刊，2015（25）：28-29.